문지스펙트럼

문화 마당
―――――
4-018

페넬로페의 옷감 짜기
——우리 시대 여성 시인

김용희

문학과지성사

문화 마당 기획위원

오생근 / 정과리 / 성기완

문지스펙트럼 4-018

페넬로페의 옷감 짜기
── 우리 시대 여성 시인

지은이 / 김용희
펴낸이 / 채호기
펴낸곳 / 문학과지성사

등록 / 1993년 12월 16일 등록 제10-918호
주소 / 서울 마포구 서교동 363-12호 무원빌딩 4층 (121-210)
전화 / 편집부 338)7224~5 팩스 / 323)4180
영업부 338)7222~3 팩스 / 338)7221
홈페이지 / www.moonji.com

제1판 제1쇄 / 2004년 1월 19일

ISBN 89-320-1473-6
ISBN 89-320-0851-5 (세트)

ⓒ 김용희
지은이와의 협의에 의해 인지는 생략합니다.
이 책의 판권은 지은이와 문학과지성사에 있습니다.
양측의 서면 동의 없는 무단 전재 및 복제를 금합니다.

잘못된 책은 바꾸어드립니다.

페넬로페의 옷감 짜기
—우리 시대 여성 시인

책머리에

내가 소리를 치면 어느 천사의 군대가 내 소리를 들을까*

왕비 페넬로페는 남편 오디세우스를 기다리고 있었다. 방탕한 구혼자들은 매일 그녀를 찾아와 구혼했다. 전쟁에 나간 오디세우스는 20년 동안 소식이 없었다. 페넬로페는 옷감을 다 짜면 결혼해주겠다고 구혼자들을 달랬다. 페넬로페는 낮에 옷감을 짜고 밤이면 짠 옷감을 몰래 풀었다.

옷감을 짜고 푸는 것은 기다림이 아니다. 옷감 짜기와 풀기는 고착되지 않고 흘러 넘치는 창조성을 보여준다. 페넬로페의 옷감 짜기는 써나가다가 지우고 다시 지우다 쓰는 여성적 글쓰기를 은유한다. 여성의 글쓰기는 형성되기를 끝없이 거부하면서 써나가는 글쓰기다. 의미가 고착되기를 거부하

---

* 영화 「안개 속의 풍경」 중에서.

는 글쓰기, 비틀거리고 뒤집고 질서를 이루다 다시 풀어헤치는 글쓰기다. 여성의 글쓰기는 완결될 수 없다. 여성의 글쓰기는 미래에 놓여 있다.

여성은 태어날 때부터 일종의 억압을 체험한다. 다만 자신이 남성이 아니라는 이유로 무언가 자신이 갇혀 있다는 생각을 한다. 자신의 생각들이 현실화되기 어렵다는 생각을 한다. 나돌아다니는 자유가 있는 자는 공상을 할 필요가 없다. 억압의 현실에 놓인 자만이 꿈꾸기를 한다. 억압된 자만이 꿈꾸기를 통해 자신의 억압을 벗어나려 한다.

한때 나는 글쓰기가 나를 감싸고 있는 진부한 현실의 신체를 넘어서게 한다고 생각했다. 습관화된 낡은 삶의 방식을 넘어 삶 자체를 바꿀 수 있다는 열정을 지닌 적이 있다. 그러나 대개 글쓰기는 피로한 일이었고 나를 끝없는 소진으로 몰아갔다.

이런 일이 있었다. 컴퓨터 앞에 앉아 권태롭게 자판을 두들기고 있었다. 유치원 다니는 딸아이가 나를 귀찮게 했다. 자판을 누르며 컴퓨터 화면에 글자를 새겼다. 나를 방해했다. 하는 수 없이 그냥 두었다. 자판 위에 아이의 가녀린 손가락과 내 손가락이 몇 차례 교차되었다.

엄마나우유 사줘 알겠어 아니면 돈주거나말거나 마음대로 해
엄마 에게 엄마 사랑해. 엄마 그런데 내가 엄마 일 도와줄깨.

엄마 나 사랑하지/내가 엄마한테 그림 그려줄게. 알았지. ' '
' ' ; ; ; ; 〔 〕\\\\\ . . . , , ; ' ' '12345789000- = = = 〕〕; 〕 . ., , \\\ /;' ; ;/ \ ; 〕 1234555225 우리 전화 번호야. 기억해둬 우리 전화 번호는 〔645-0105〕이거야. 알았지 기억해둬. 〔사랑해〕=수=림=올=림. 〔엄마 사랑하고,고마워.〕 또 그림 그려줄게.

말들은 엉키고 뒤섞였다. 나는 하하 웃었다. 아이도 하하 웃었다. 글쓰기는 마치 여러 겹의 육체를 만들어냈다. 누대의 여성 몸이 우리 몸 안에 함께 기숙하는 것 같았다. 나는 아이에게 해준 것이 없었다. 〔엄마 사랑하고,고마워.〕 나는 비명소리를 듣는 것 같았다. 아니 딸아이의 몸 안에서 나는 다시 부화했다. 림아, 사랑하고 고마워. 몸을 부수고 다시 몸을 형성하는 듯한 신생. 딸아이는 글을 쓰면서 나를 낳았다.

여성 존재 안에는 무수한 속성들이 결합하고 변이하면서 새로운 질료를 만들어낸다. 그것은 육체적, 정신적, 연속성 속으로 들어가 만들어내는 새로운 존재다. 그러나 사실 오랫동안 여성에 대한 남성의 시각은 이분법적 분류를 맴돌고 있었다. '위대한 어머니'와 '위험한 창녀'라는 범주. 이 양분법은 무궁무진하다. 천사와 악녀, 조강지처와 애첩. 여성은 남성의 언어로 불려졌다. 여성은 단 한 번도 자신을 규명할 언어를 갖지 못했다.

이제 우리 시대 여성시는 다양한 분재와 새로운 경험을 만끽하고 있다. 나는 여성 시인의 수많은 전형을 세우기를 원했다. 이분법에 갇힌 여성을 다중적 자아 속에서 해체시키고 싶었다. 나는 이 책에서 우리 시대 여성 시인을 상징적 캐릭터로 전형화해보려 했다. 사이버 공간에서 인물 이미지인 '아바타 만들기'와 같은 상징화다. 이것은 여성 글쓰기의 전통을 공유하면서 여성 계보학의 유형을 새롭게 세워나가는 작업이다. 여성시의 '위대한 파편'을 찾는 작업이다. 여성 전형을 찾아가는, 일종의 여성 족보 사가(史家)의 첫 작업이라 할 수 있다.

여성 시인들을 유형화하는 과정에서 허수경을 주모로 김혜순을 마녀로 인물화한 것은 단순 대칭의 등가가 아니다. 허수경은 주모가 될 수도 있지만 기생이 될 수도 있다. 수도승이 될 수도 있고 마녀가 될 수 있다. 나는 허수경 시의 다양한 시적 현상 속에서 주모로서의 한 측면을 조명하고자 한 것이다. 김혜순이 마녀라는 것이 아니다. 김혜순 시의 복합성 속에서 마녀라는 한 시각으로 김혜순을 바라보고자 한 것이다. 그러나*

이 책에 나오는 여성의 여러 유형들은 사실 내 안의 나를 호명한 것에 불과하다. 나는 술 따르는 주모가 되기도 했다

---

* '그러나' 뒤의 행갈이는 의미의 전환과 이어짐의 접착지에서 '속도와 휴지'라는 여성적 운율을 만들기 위한 의도적 표지이다.

가 저주를 퍼붓는 마녀가 되기도 한다. 사랑의 아편에 빠진 몽롱한 아편쟁이가 되기도 하다가 어둠 속에서 누군가에게 끝없이 타전을 보내는 밀사가 되기도 한다. 수녀가 되기도 하다가 정념의 주술사가 되기도 한다. 나는 여성 시인들을 통해 내 안에 있는 무수한 정체성을 불러보고 싶었다. 무수한 그들 중의 하나가 나이기도 하고 또 아니기도 하다. 나는 그 중에 있기도 하고 없기도 하다. 나는 끝없이 주모와 마녀와 기생과 수녀를 넘나들며 내 안의 여성을 호명해보고 싶었다. 나는 여성 시인의 텍스트 안으로 스며들어 언어의 육질을 서로 나누기를 원했다. 경쾌하면서도 날카로운 여성 비평을 해보고 싶었다. 나의 비평은 또 하나의 여성적 글쓰기text다.

  나의 글이 하나의 육체를 입을 수 있도록 해주었다. 문학과지성사 채호기 사장님과 편집부 사람들에게 참 감사를 드린다. 고마움을 전하고 싶다. 눈물겨운 육체인 내 가족에게도.

2004년 1월
겨울의 한가운데서
김용희

차례

책머리에
내가 소리를 치면 어느 천사의 군대가 내 소리를 들을까 / 7

여성적 세례 · 허수경 / 15

악착스런 호명 · 김혜순 / 29

은밀한 정숙과 관능 · 강신애 / 39

더러운 피 · 조말선 / 53

육체의 지도 · 이경림 / 69

잃어버린 기억을 찾아서 · 김선우 / 87

영원과 순간을 잇는 부싯돌 · 김명리 / 101

조율과 포복 · 나희덕 / 113

헐렁헐렁한, 짤랑짤랑거리는 · 이선영 / 125

가까스로 발견한 평화 · 이진명 / 141

어둠 속의 타전 · 조용미 / 157

마음의 교신 · 천양희 / 169

예감과 마술 · 이수명 / 183

에필로그
여성은 무엇을 원하는가 / 191

여성적 세례

허수경

1964년 경남 진주에서 태어나 경상대 국문과를 졸업했다. 『실천문학』에 「땡볕」 등 4편의 시를 발표하면서 작품 활동을 시작했다. 시집으로 『슬픔만한 거름이 어디 있으랴』 『혼자 가는 먼 집』 『내 영혼은 오래되었으나』가 있다. 동서문학상을 수상했다. 현재 독일 뮌스터 대학에서 고대 근동 고고학 박사 과정에 있다.

재실댁은 아파트 파출부 그 집 아재 김또돌씨는 하수구 치는 일을 했제 야반도주 고향을 베린 지 어언 십여 년 하루떼기 벌이에 이골은 났지만 날이 갈수록 왜 이리 쪼그라만 드는 살림 단칸 월세방에 내외간이 딴이불 거처를 하는데 김또돌씨 술이라도 한잔 들이키는 날에는 이불 싸가지고 마루에 누웠제 엔장 마누라쟁이라고 암만 고달파도 할 일은 해야제 맨날 돌아누우니 살맞이 나 살맞이

　쓴 담배만 뻑 뻑 빨다 잠이 들었는데 이쿠 소나기야 마루까지 치받고 후둑거리는 소나기 피해 우당탕탕 챙겨 방으로 들어왔는데 소나기 핑계로 들어와 누웠는데

　웬일로 재실댁이 먼저 안겨오지 않나 소나기 한번 장하데이 이녁도 장하게 한번 들어오소 김또돌씨 소나기처럼 황소처럼

달려들었제 임자요 섭했지예 몸이 천근 같으니 내사 우찌 살 붙일 정이 나것소
　재실댁 마른 가슴 더듬다 잠이 든 김또돌씨는 빚에 몰려 쫓겨온 고향 쩬한 고향 보리밭에 또 한 번 재실댁을 넘어뜨리는 꿈을 꾸었지러 별 숭 숭 말짱한데 도시의 산동네 하루벌이 부부
　　　　　　　　　　　　　　—「밤 소나기」[1] 전문

여성의 몸은 수없이 쪼개어져 divided 있다. 여성 몸은 끊임없이 나누어지고 분열되는 생명의 입구다. 몸의 진동을 통해 확산되고 내면화된다. 자아가 끝없이 들어왔다 나갔다 한다.

'쪼그랑할멈'이라는 말에서 '쪼그랑'은 '쪼개진' 여성 몸의 수많은 갈래를 암시한다. 쪼글쪼글한 몸은 끝없는 주름으로 이루어져 있다. 주름은 세상으로 뻗어나간 길과 몸의 확장을 환기한다. 쪼개진 주름, 갈라지고 터진 피부, 생명이 분화되는 분화구다. 구멍의 흔적이다.

여성 몸의 수많은 갈래 안에 수많은 여성이 숨어 있다. 여성의 몸 속에 누대의 그녀 어머니들이 숨어 있듯 후대 수많은 딸들이 그녀 몸속에 내장되어 있다. 여성 몸은 세상의 몸이면서 우주의 몸인 것이다.

---

[1] 허수경, 『슬픔만한 거름이 어디 있으랴』, 실천문학사, 1988.

하여 여성이 글을 쓴다는 것은 누대의 몸을 가지고 글을 쓰는 것이다. 복수화되고 다층적인 자아가 글을 쓰는 것이다. 진화되고 분화되는 몸, 분열의 그 순간이 글쓰기가 시작되는 지점이다. 끝없이 나뉘고 봉합되는 글쓰기다. 무한 증식하며 분출되는 글쓰기다. 불확정적인 갈등이 일어나고 중층되어 있던 억압이 몸을 푸는 글쓰기다.

1990년대 이후 한국 문학계에서 페미니즘 여성 작가들은 오랫동안 히스테릭한 웃음을 웃어왔다. 남성 언술이 관장해온 세계에 대한 비웃음이자 냉소였다. 김혜순과 박서원, 김정란, 김승희 등 그녀들이 내뱉는 말들은 일종의 저주 curse였다. 그들은 남성이데올로기 현실을 힐난했다. 이성 너머에 있는 비이성과 광기를 불러들였다. 억압된 것들에 대한 환상과 욕망에 대한 호명 행위였다.

이때 길버트와 구버의 '다락방의 광녀' 이미지는 새로운 여성 이미지를 형성한다. 다락방에 갇혀 있는 여성은 단순히 미친 상태가 아니다. 갇혀 있음으로써 여성의 광기는 오히려 예술적 창조성을 발휘한다. '히스테리 환자'의 창조적 발상과 전이도 새로운 국면과 해석을 맞게 된다. 프로이트의 정신 분석은 여성 히스테리 환자에게 크게 빚지고 있다.

나는 이런 생각을 한다. 지금까지 여성시 담론은 전략적 여성 전사, 사디즘적 여성 유형에 치중해온 것은 아닌가 하는. 전사적 여성 유형에 대한 집중은 페미니즘이 세계에 대한 인식론에서 출발하여야 한다는 전제 때문이다. 근본주의 radicalism의 급진성에 더 매료되었기 때문이다. 근본주의는 마르크스주의와 똑같은 한계를 지닌다. 근본주의는 맹목적이기 때문에 이분법적 투쟁으로 귀결될 수 있다. 페미니즘에서 이분법적 투쟁은 남성 이분법을 재답습하는 것이다. 새로운 계급화의 논리다.

한국 문학에서 페미니즘 논의는 좀더 진화할 필요가 있다. 여성 정체성과 실존의 측면에서 문제를 바라보아야 한다. 문학에서 페미니즘은 이데올로기의 사회학적 실현이 중요한 것이 아니다. 문제 제기와 실천의 측면이 중요한 것이 아니다. 더 일차적으로 여성 언술의 여성성 실현, 미학적 진정성의 관점이 더 요구된다.

여성 전사적 글쓰기는 그로테스크하다. 스타일은 신경증적이고 기괴하다. 비명과 신음만으로 현실 너머에 있는 비의를 불러들이기에 충분하다. 마치 주술사의 저주처럼 의식 너머에 있는 불온한 타자를 불러온다. 나는 이 시점에서 그 반대의 극점에 있는 모성적 언어에 대한 이야기를 하고 싶다. 저주와 비명으로서가 아니라 허수경 식으로 말하면 '젖은 것' '따뜻한 것'으로의 언어다. 언어 내용과 언어 형식이 완벽하게 결합하는 언어. 마치 '응아' '맘마'와 같은 배냇언어다. 언어화되기 전의 미분화 상태, 기표와 기의의 완전한 합치가 이루어지는 상태다. 인간이 언어에서 분열을 느끼기 전의 단계와 같은 것이다. 나는 이것을 '젖고 따뜻한 배냇언어'라고 부르고 싶다.

여성성의 언어야말로 문학의 언어가 아니고 무엇인가. 문학은 원래 페미니즘적이다. 언어를 강박하고 있는 이념과 현실적 규정을 푸는 것이다. 언어의 관절과 피를 자유롭게 돌게 하는 것이다. 이것이 시 육체의 해방이라 할 수 있다. 허수경 시는 시의 육체적 활력과 파동을 지니고 있다. 여성상(像)의 기호에 따라다니는, 젠더화된 '여성성'이라는 정신적 짐들을 다 풀어헤쳐놓은 상태랄까. 리듬과 내용의 결합, 기표와 기의의 통합, 이것이 시가 목표로 하는 언어의 순수한 결정체라 할 수 있다.

그러나 구전(민요)에서 기록의 과정으로 넘어오면서 현대시는 리듬과 결별한다. 사실 시는 무언가를 말하기 위해 존재하는 것이 아니다. 말하지 않기 위해 존재한다. '침묵하기' '말하지 않고 말하기.' 부정과 역설의 발성법이 시의 언술이다. 말하지 않고 느끼게 하는 정서의 영역이 노래다. 시는 원래 말이 아니라 '노래'이기에 '숨' 속으로 스며든다. '느끼게' 해주는 주관적 감응이라 할 수 있다.

시는 노래라는 점에서 리듬과 음상이 주는 정서 울림에 호소한다. 시의 리듬과 운에서 울려나오는 현의 떨림이 존재 떨림의 과정으로 번져간다. 공명의 정서로 나아간다. 우주의 몸이 들락날락하고 호와 흡이 왕래하는 것은 여성성의 순환과 닮아 있다. 들숨과 날숨의 왕래가 이루어지는 과정은 여성성의 반복성과 닮아 있다. 사물과의 경계를 허물며 상호 왕래하는 감응력, 나는 이 '상상적 감응력'을 이야기하고 싶다.

그것은 여성 전사로서의 반란적 발설과 구분되는 여성적 감응력이다. 이것이 시적 감응력과 닮아 있다는 사실이다. 이것이 시의 진정한 리듬이다. 이것이 시의 육체적 율동이다. 이것이 여성성의 파동과 순환적 운동성이다. 우주의 파동과 시의 파동과 여성 몸쓰기로서의 파동은 하나의 서클 속에서 회전하며 교호한다.

예술 형식은 삶의 거칠고 단절된 시공간 체험과는 다르다. 예술 형식은 일정한 공간적 시간적 계기성을 가지며 우리의 내면으로 들어온다. 이것이 시에서 나타나는 '결'이다. '결'은 시적 어조, 시적 발화와 관계한다. 허수경은 '결'을 보여주는 시인이다.

허수경은 지금까지 세 권의 시집을 출간한 바 있다. 「밤 소나기」는 그녀의 첫번째 시집 『슬픔만한 거름이 어디 있으랴』(1988)에 실려 있다. 「밤 소나기」는 고향, 민중, 역사라는 첫번째 시집의 화두를 잘 보여주는 시다. 무엇보다 이 시에서 시인이 보여주고 있는 특징적인 것은 그 언술 방식이다. 그것은 '구술 서사'라는 점이다.

재실댁은/아파트/파출부//

그 집 아재/김또돌씨는/하수구 치는 일을 했제//
야반도주/고향을 베린 지/어언/십여 년//
하루떼기/벌이에/이골은/났지만//
날이 갈수록/왜 이리/쪼그라만 드는/살림 단칸 월세방에//
내외간이/딴이불/거처를/하는데//
김또돌씨/술이라도 한잔/들이키는/날에는//
이불/싸가지고/마루에/누웠제//
엔장/마누라쟁이라고//
암만/고달파도/할 일은/해야제//
맨날/돌아누우니/살맛이 나/살맛이//

 이 시는 각각 3음보, 4음보로 나누어지는 율격의 반복을 보여준다. 처음 재실댁과 남편 김또돌씨에 대한 소개는 3음보로 경쾌하게 나간다. '재실댁은 아파트 파출부고 김또돌씨는 하수구 치는 일을 한다'는 3음보 대구다. 이야기의 시작을 여는 병치 구문이다. 그러다 그들은 야반도주하여 도시로 쫓겨와 단칸 월세방에서 내외간에 딴이불 거처를 한다. 고달픈 생활이 이어지는 부분에서 4음보가 연결된다. 생활과 서사적 이야기의 진행에서 안정되고 균형 있는 4음보의 진중한 무게가 필요하다. 그러다 "엔장 마누라쟁이라고"에서는 2음보다. 2음보는 김또돌씨의 불만 섞인 독백이 도드라지며 드러나는 부분이다. "암만/고달파도/할 일은/해야제" "맨날/돌아누우니/살맛이 나/살맛이"에서 4음보는 민요 양식이다. 민요 양식 "형님 형님 우리 형님"(aaba 형식)에서처럼 안정된 리듬과 운율을 실어주고 있다.

「밤 소나기」는 도시 달동네에 사는 이농민의 모습을 보여주고 있다. 산업화로 인하여 이농한 이들은 도시 빈민이다. 산동네에서 힘겨운 삶을 꾸려간다. 부부의 현실적 피로감은 "단칸 월세방" "야반도주" "몸이 천근 같으니" "재실댁 마른 가슴" "빚에 몰려 쫓겨온 고향"과 같이 나타난다. 산동네 부부의 고달픈 월세방 밤 풍경을 묘사하고 있다. 부부의 생활은 아파트 파출부와 하수구 치는 일을 하는 것이다. 고달픔은 재실댁의 "마른 가슴"으로 비유된다. 부부 관계도 할 수 없는 메마른 생활이다. 그러나

3음보, 4음보로 이어가는 율격은 정서적 환기를 강화한다. 하루 벌어 하루 먹고 사는 산동네 하층민의 애잔한 정서를 강화한다. 동시에 현실적 삶이 고달프다는 것을 넘어서게 한다. 이를테면 "살맛이 나 살맛이"에서 '살맛이'의 반복, "소나기 피해 우당탕탕 챙겨 방으로 들어왔는데 소나기 핑계로 들어와 누웠는데"에서 '소나기'와 '는데'의 반복, "했제" "누웠제" "장하데이"에서 /에/음의 반복. 말의 반복성과 리듬은 흥과 가락을 느끼게 한다. 말의 역동성을 느끼게 해주는 가락의 '흥'이다. 어휘는 사투리와 서민적 표현에서 더욱 두드러진다. "했제" "누웠제" "엔장 마누라쟁이라고"에서 소외된

서민 사투리의 투박함과 순수함이 나타난다.

시인은 말이 주는 직접성, '구술적 직접성'에 몸 기대고 있다. "쓴 담배만 뻑 뻑 빨다" "소나기 피해 우당탕탕 챙겨" "별 숭 숭 말짱한데"에서 '뻑 뻑' '우당탕탕' '숭 숭'의 의성어와 의태어가 구술적이다. "빨다"에서의 /ㅃ/음, "이쿠"에서 /ㅋ/음, 경음과 격음이 주는 거친 야성이 직접적이다. 직접적 발화체는 순수한 원시성의 느낌이 있다. 생생한 소리의 원형을 지닌다. 의성어들은 사물의 소리를 극적으로 구연(口演)해내기 때문이다.

구어(口語)체는 문어(文語)체처럼 수사와 전략에 오염되어 있지 않다. 말해지는 것이 '몸'이 된다. '몸의 말'이다. 사람의 목소리, 신체의 일부에서 울려나오는 목청의 울림이 내용이다. '내용화된 형식'이라 할 수 있다. 소리, 시니피앙이 시니피에로 기능하고 있다. 또 "뻑 뻑" "우당탕탕" "말짱"에서 거친 의성어 의태어는 서민의 소박함을 보여준다. 정식 교육 기간이 길지 않은 이들의 말투다. 거침과 경박함이 주는 싱싱한 즉각성을 내포한다.

산동네 부부는 소나기로 말미암아 희극적이면서도 서글픈 부부 관계를 맺는다. 그런데 여기서 구연의 상황이 벌어진다. "임자요 섭했지예 몸이 천근 같으니 내사 우찌 살 붙일 정이 나겄소." 구연은 말씨와 말투로 즉각적 현장성을 가진다. 독자로 하여금 현장에 참여하게 한다. 구연에서 어휘 반복과 음보 반복이 율조를 가진다. 율조는 독서 과정에서 율독의 몰입을 가능하게 한다. 시적 형식이 시적 내용이 된다. 율조는 산동네의 현실 정황을 더 구슬프고 더 따뜻하게 묘파해내는 요체가 된다.

실제로 「밤 소나기」에서 서글픈 산동네 부부의 밤 풍경은 물 이미지를 가진다. 한밤에 내리는 소나기는 메마른 재실댁 가슴을 적셔준다. 소나기의 격렬함은 황소처럼 달려드는 김또돌씨의 원시적 이미지와 결합한다. 세찬 물 이미지는 민중의 애잔한 슬픔을 정화한다. 꺾이지 않는 민중의 생명력이라 할 만하다. 그러나

나는 허수경의 「밤 소나기」를 성공하게 하는 것이 '흥'이라고 생각한다. 민중적 언어 차용과 리듬의 운율이 갖는 '흥'이다. 이것이 독자에게 따뜻한 '모성적 정화'를 가능하게 한다.

> 신혼이라 첫날밤에도
> 내줄 방이 없어
> 어머니는 모른 척 밤마실 가고
>
> 붉은 살집 아들과 속살 고분 며느리가
> 살 섞다 살 섞다
> 굽이 굽이야 눈물 거느릴 때

한 짐 무거운 짐
벗은 듯 하냥 없다는 듯
어머니는 밤별무리 속을 걸어　　　　　——「단칸방」 부분

　신혼 첫날밤 단칸방 시어머니는 밤마실을 나간다. 아들 내외부부 살 섞어라 하고 모른 척 밤마실 간다. "붉은 살집 아들"과 "속살 고분 며느리"는 대구를 이루며 살을 섞는다. "살 섞다"와 "굽이굽이"가 서러움의 반복을 구성한다. "한 짐 무거운 짐"에서 '짐'의 반복, "벗은 듯 하냥 없다는 듯"에서 '듯'의 반복이 이어진다. "밤별무리 속"을 걷는 시어머니는 "꿈길"을 걷는 신혼부부와 만난다. 마음이 마음을 알아주듯 그렇게 마음끼리 서로 만난다. 허수경 시는 마음의 결이 마음을 찾아내면서 서로를 안쓰럽게 바라본다. 허수경 시의 내적 리듬은 이와 같은 '인간적 연민'에서 출발한다. 반복은 설움의 정조를 강화하면서 동시에 마음의 결을 정화시킨다.
　사실 리듬은 아니마와 관계한다. 김대규[2]의 말대로 산문은 직선적 강직성이며 남성적인 것이다. 운문의 곡선적 미감은 여성적이다. 리듬은 일종의 여성적 반복과 흐름을 되풀이하는 것이다. 주기적 순환, 계절의 변화, 인체의 호흡과 고동, 맥박과 만물의 생로병사는 생명을 반복한다. 생명은 리

---

2) 김대규, 「Anima의 詩學」, 김학동 편, 『김소월』, 서강대학교 출판부, 1998, p. 44.

듬이며 여성적인 것이다. 인간이 시에서, 노래에서 리듬을 찾는 것은 결국 모성적인 것에 대한 영원한 지향이라 할 수 있다. 리듬이야말로 여성의 상징적 속성이다. 허수경 시에서 보이는 리듬은 고단한 삶에 대한 여성적 세례다. 아니마적 정화라 할 수 있다.

한국 여성 시인의 상징적 캐릭터 유형에서 허수경은 '주모'에 해당한다. 주모는 산자락 아래에 주막을 지어놓는다. 나그네가 산을 오르기 전에 쉬어가게 한다. 술과 먹을 것을 주고 잠을 재운다. 그 다음 산이나 재를 넘어가게 한다. 세상에 나간 숱한 남정네들은 주모에게 돌아와 피로를 푼다. 주모는 세상에서 상처받은 모든 것을 위무해준다.

 그 사내 내가 스물 갓 넘어 만났던 사내 몰골만 겨우 사람꼴 갖춰 밤 어두운 길에서 만났더라면 지레 도망질이라도 쳤을 터이지만 눈매만은 미친 듯 타오르는 유월 숲 속 같아 내라도 턱하니 피기침 늑막에 차오르는 물 거두어주고 싶었네
 산가시내 되어 독 오른 뱀을 잡고
 백정집 칼잽이 되어 개를 잡아
 청솔가지 분질러 진국으로만 고아다가 후 후 불며 먹이고 싶었네 저 미친 듯 타오르는 눈빛을 재워 선한 물같이 맛깔 데인 잎차같이 눕히고 싶었네 끝내 일어서게 하고 싶었네
 ──「폐병쟁이 내 사내」부분

허수경은 남강 강변에 주막을 차린다. 그 다음 도회에 나가 폐병 들어 온 사내를 맞는다. "피기침 늑막에 차오르는 물을 거두어주고" "허벅살 선지피라도 다투어 먹"인다. 허수경은 세상 모든 남정네의 어머니, 할머니로서의 주모다.

 나는 여성이 몸으로 쓴다는 것이 몸속의 우주를 쓰는 것이라고 생각한다. 몸속 소우주 안의 리듬으로 글을 쓰는 것이라고 생각한다. 모성성의 리듬이 시의 운과 율이 아닐까. 모성성의 리듬이 세상을 정화하는 것이 아닐까.

 허수경은 여성 신체적 글쓰기를 보여준다. 구어체와 방언, 반복과 운율은 시 텍스트를 정서적으로 흡입하게 한다. 나는 허수경 시를 율독하면서 텍스트 성애학에 취한다. 도취를 만끽한다. 허수경의 시가 여성의 눈물과 피처럼 나를 맑게 씻겨준다.

악착스런 호명

김혜순

1979년 계간 『문학과지성』을 통해 시단에 나왔다. 시집으로 『또 다른 별에서』 『아버지가 세운 허수아비』 『어느 별의 지옥』 『우리들의 陰畵』 『나의 우파니샤드, 서울』 『불쌍한 사랑 기계』 『달력 공장 공장장님 보세요』가 있다. 김수영문학상, 현대시작품상, 소월시문학상을 수상했다. 현재 서울예대 문예창작과 교수로 재직 중이다.

내 어깨를 타넘은 바람이
발 디딜 곳을 못 찾고
창졸간에 허방에 빠진다
급히 불려 오느라
머리 위로 치마도 뒤집어쓰지 못한 바람이
저 아래 바다로
다 쏟아져 들어간다
왼종일 손가락 들어
이곳으로 오는
길을 가리키던
햇빛도 여기까지 와선 허방에
단숨에 허방에 빠진다

사랑한다? 사랑하지 않는다? 벼랑 아래 파도가 밤새껏 내게 묻는다 땅 끝까지 달려온 풀들이 몇 개 안 남은 손톱으로 벼랑을 움켜쥐고 있다. 사랑한다 사랑하지 않는다 내가 풀잎을 하나씩 쥐어뜯는다. 내 머리칼도 저 밑은 허방이에요 내 얼굴을 움켜쥔 채 악착같이 떠밀리지 않으려 버틴다. 머리끝까지 차오른 눈물도 눈 속 뿌리를 꽉 잡고 눈동자 밖으로 뛰어내리지 않는다. 바람에 떠밀리던 그림자는 내 발목을 잡은 채 벼랑을 혼자 더듬어 내려가다가 더 이상은 안 돼요 멈춰 있다. 사랑한다? 사랑하지 않는다? 파도는 숨골 속을 두드리고 차가운 별이 눈물 심지에 가끔씩 부딪힌다. 밤늦도록 벼랑에서 파란 인광을 내뿜는 내가 모스 부호처럼 깜빡거린다.

—「벼랑에서」[1] 전문

"사랑한다? 사랑하지 않는다?" 시인은 묻고 있다. 서로 충돌하는 사랑의 말들이 벼랑 끝에 매달려 있다. 사랑한다? 사랑하지 않는다? 이 세상에서 가장 확실한 두 가지. 사랑한다는 것과 사랑하지 않는다는 것. 그러나 정말 사랑한다는 것과 사랑하지 않는다는 그렇게 분명하게 구분이 되는 것일까. 마음의 빗장을 지르며 구분되는 것일까. 나는 이 고민의

---

[1] 김혜순, 『나의 우파니샤드, 서울』, 문학과지성사, 1994.

극점에서 가늘게 떤다. 벼랑에 매달려 벼랑 아래로 떨어지지 않으려는 풀잎의 안간힘처럼. 몇 개 남지 않은 손톱으로 벼랑을 움켜쥐고 있는 풀잎의 악착스러움처럼.

시는 내면에서 돋아나는 욕망을 향한다. 들끓어대는 긴장의 극점을 향하고 있다. 벼랑 아래에는 넘실거리는 파도가 있다. 벼랑 위에서는 떨어지지 않으려고 버팅기는 안간힘이 있다. 길항하는 힘이 시의 견고한 긴장의 뼈대가 된다.

극단적 긴장의 순간을 들끓어대는 욕망의 순간으로 보여주는 시가 「벼랑에서」다. 김혜순 시가 세계에 대한 치열한 응전의 과정이라는 것을 보여준다. "내 어깨를 타넘은 바람"이나 햇빛도 어이없이 빠져버린 허방 앞에서 시인은 버팅긴다. 빠지지 않기 위해 버팅긴다. 위태로운 균형과 긴장은 절대적 위기와 선택의 순간이기도 하다.

1연에서 "내 어깨를 타넘은 바람"이나 "햇빛"도 이 벼랑에 와서는 단숨에 허방에 빠진다. 2연에서는 그러나 벼랑에 빠지지 않으려는 자의 안간힘이 나타난다. 이것은 시 연 구성 형태에서도 구분된다. 1연은 자유시의 형식을 취하고 있다. 이에 반하여 2연은 산문시의 형태를 취하면서 서술된다. 1연은 급하게 불려와 허방에 빠져버리는 바람과 햇빛에 대한 객관적 묘사다. 2연은 시인 내면의 의식에 대한 진술이 이어진다. 1연은 급하게 움직이는 바람과 햇빛의 속도 진행을 드러내듯 행갈이가 잦다. 율독에 속도를 내고 있다. 이에 반하여

2연은 유장한 서술이 필요하다. 어떤 마음의 결정도 하지 못한 채 벼랑 끝에 매달린 시인의 머뭇거림이라는 복잡한 의식 내면을 드러내기 위해서다. 독자는 2연에 와서 더 오랜 시간 시 읽기를 치러내야만 한다. 시인은 벼랑 끝에 매달린 모순된 욕망과 긴장의 극점을 독자에게 보여준다. 2연에서 읽는 시간을 연장시키며 독자의 심리 공간을 꽉 움켜쥐려 하기 때문이다.

김혜순은 이렇듯 독자의 느슨한 여유를 용납하지 않는다. 그는 독자의 단 한 순간의 이완도 허용하지 않는다. 김혜순의 이미지는 생경하면서 느닷없는 방문으로 이어지곤 한다. "눈 속 뿌리를 꽉 잡고" 독자를 놓아주지 않는다. 독자의 마음에 구멍을 내고야 만다. 김혜순은 독자의 마음을 공격하는 참혹한 저격수다.

사실 인간은 '사랑'이란 감정 앞에서 새롭게 신생한다는 것을 느낀다. 온몸의 감각과 욕망이 신생하듯 새롭다. 그러나 사랑은 욕망을 다시 돋아나게 하면서 생의 절대적 선택의 순간을 환기시키는 벼랑 끝이다. 벼랑은 삶의 절대적 명제에 대해 질문을 당하는 곳이다. 선택을 강요당하는 곳이다.

그러나 삶이 모두 벼랑이지 않은가. 벼랑에 간신히 의지하며 악착같이 떠밀리지 않으면서 버팅겨내는 것. 사는 것은 견디는 일일 뿐이다. 견인(堅忍)하는 것. "사랑한다? 사랑하지 않는다?"는 '살아갈 것인가 살지 않을 것인가'에 대한 물음이다. '존재할 것인가 존재하지 않을 것인가'라는 질문의 등가물이다. 살아갈 것인가, 죽을 것인가를 되묻는 생과 죽음의 물음이다. 존재의 극단적 경계에 대한 물음인 것이다.

프로이트의 말대로 생에 대한 모든 충동은 죽음에 대한 충동이다. 에로스의 욕망은 타나토스의 욕망이다. 인간의 강렬한 삶에 대한 충동은 역설적이게도 죽음의 충동을 불러온다. 악착같이 삶의 뿌리를 잡고 있는 시인의 손톱은 실은 죽음을 기다리는 방식이다. 죽음을 버팅겨내는 것, 이것이 죽음에 굴복하지 않고 죽음을 살아내는 것이다. 이것이 삶을 지속시키는 일이다.

"사랑한다? 사랑하지 않는다?" 답을 하는 순간 시인은 죽음을 맞게 될지도 모른다. 욕망이 채워지는 것은 죽음에서만이 가능하기 때문에. 그러기에 삶에서 욕망은 끝없이 유예된다. 연기된다. "사랑한다 사랑하지 않는다 내가 풀잎을 하나씩 쥐어뜯는다." 풀잎을 쥐어뜯는 것은 죽음을 연기시키는 행위다. 답을 회피한 채 연기하는 반복적 행위다. 욕망은 채워져서는 안 된다. 욕망은 우리가 곧장 죽음으로 가는 것을 막아주는 우회로다. 「벼랑에서」는 욕망이, 채워지지 않는 결핍이 삶의 유일한 힘이라는 것을 보여준다.

김혜순은 욕망의 현전을 신체에서 살핀다. 신체야말로 욕망의 터전이요 삶의 알리바이다. 익히 아는 바대로 플라톤 이후 육체는 이분법적 분할에 의해 경멸당했다. 두려움의 대상이었다. 정신이 중시되는 시대에 육체는 영혼의 그림자에 불과했다. 육체는 근대 후기에 들어오면서 존재의 중심으로 귀환한다. 김혜순 시는 온몸의 감각이 느끼는 느낌과 접촉과 촉감을 보여준다.

김혜순의 시에서 벼랑은 몸으로 비유된다. "내 머리칼"은 허방으로 떨어지지 않으려 "내 얼굴"을 움켜쥔다. "눈물도 눈 속 뿌리를 꽉 잡고 눈동자 밖으로 뛰어내리지 않"으려 한다. "그림자는 내 발목을 잡은 채 벼랑을 혼자 더듬어 내려가다가 더 이상은 안 돼요" 한다. 그림자는 "멈춰 있다." 몸이 벼랑이고 벼랑이 몸이다. 몸은 세계로 나아가는 관문이고 출구이다. 세상을 향해 있는 마지막 출구로서 몸은 벼랑의 끝이다. 몸은 세계를 구체적인 느낌의 터로 만들어주는 공간인 것이다.

사랑한다, 사랑하지 않는다, 질문의 답을 움켜쥐고 눈물은 세상의 몸 밖으로 뛰어내리지 않는다. 그림자도 세상 밖으로 내려가지 않는다. 몸은 눈물을 참아내는 출구다. 머리칼의 낙하를 참아내는 극적 비등점이다. 몸 밖으로 나가려는 것들은 몸을 움켜쥐고 있다. 얼굴을 움켜쥔 머리카락과 눈물과 그림자.

김혜순은 세계를 순수한 감각의 몸 현상으로 내재화한다. 시인에게 지각되는 세계는 신체적 경험으로 등장한다. 세계는 시인의 몸 경험으로 구체화되고 자기 동일성을 지닌다.

하여 몸은 세계와 소통하기를 원하고 세계는 몸과 소통을 시작한다. 차가운 별이 눈물 심지에 부딪힌다. 벼랑에서 파란 인광이 깜빡인다. 알 수 없는 운명처럼 구원을 요청하는 기이한 푸른 인광의 신호. 알 수 없는 모호한 신호 보내기.

김혜순 시는 여러 시편에서 신체와 세계 사이의 본질적인 연결을 시도한다. 김혜순의 시는 무진장한 세계의 리듬을 탄다. 감각의 물결 그 자체가 되곤 하는 것이다.

때로 시인은 신체를 분해하거나 자해한다. 매우 충격적이고 그로테스크한 음울함을 자아낸다. 기괴한 이미지들이 가득하다. 신체의 자기 파괴는 세계에 대한 시인의 불온한 저항을 나타내고 있다. 낯선 이미지의 병치는 신체의 극단적 느낌을 찾기 위해서다. 세계에 대한 느낌을 신체로 환원할 때 세계는 가장 주관적인 경험으로 인식된다. 세상은 몸 안에서 다시 낯설고 생경해지는 것이다.

이러한 '감각의 극단적 주관성'이 시인이 매달려온 '전경화'로 연결된다. 김혜순은 언제나 자신의 마음 풍경이 전경화되기를 원했다. 시 텍스트 표면 위로 솟아오르기를 바라왔다. 그녀는 방법적. 다름을 늘 꿈꾸어왔다. 타인의 욕망에 구멍을 내고 싶다고 말했다. 철저한 '방법론의 시인'이며 언술의 획일주의에 항거하는 주술가인 것이다.

평자들은 김혜순의 시를 죽음과 부정이라고 말했다. 냉소와 아이러니라고 말했다. 절망과 비극이 주는 검은 유희로 해석해왔다. 세상에 대한 저주를 퍼부어대는 부정성은 최승자를 닮아 있다. 김혜순의 시가 갖는 극단적 비극성이 오히려 세상에 대한 강렬한 정념을 느끼게 한다.

나는 김혜순을 허수경과 구분해서 '마녀의 언어'라 부르고 싶다. 김혜순은 세상의 모든 사람에게 반말로 되바라지게 까발린다. 첨예한 의식의 극단에서 바르르 떤다. 살의를 띤 웃음을 웃어젖힌다. 섬뜩한 웃음이다. "배고픈 죽음이/또다시 뒷발 들고/우뚝 서서 포효하고"(「내 詩를 드세요」) "달은 〔……〕 꿈틀거리는 시신들을/보리밭에 머리 처박고 가랑이 벌린/밤처녀의 혼령을/웃으며 빨아먹"(「달」)고 시인은 "내장을 다 꺼내고/박제를 만들듯/온몸의 물기 다 짜낼 수 있다면/이 무거운 슬픔 사라질까"(「火葬」)라고 절규한다.

극단적 부정의 현장성이다. 알아듣기 힘든 이미지들의 결합이다. 환유적 연결은 상상력의 해방적 유희를 느끼게 한다. 마녀의 언어가 갖는 참기 힘든 전율과 동시에 그것의 해방감이라 할 수 있다. 극단적 충동 속에서 죽음은 입까지 차오른다. "나는 시방 또 끓어올라요"(「내 詩를 드세요」)라고 말한다. 김혜순의 언어는 파괴적이고 신체는 분해된다. 김혜순은 언어를 파괴하여 신체를 파괴하고 신체를 파괴하여 언어를 파괴한다.

다시 '몸으로 글쓰기'는 김혜순의 방식으로 완성된다. 남성 전유물로서의 언어를 비틀어 야유하기는 결국 신체를 비틀어 해체하기와 대칭적으로 맞닿아 있다. 벼랑 위에, 시인은 자신의 목구멍을 뚫고 솟아나려는 그 언어의 벼랑 위에 서 있다. 시인은 동시에 몸을 뚫고 나가려는 충일된 몸의 벼랑을 만난다. "사랑한다? 사랑하지 않는다?" 질문은 곧 세상 밖, 몸을 뚫고 나가려는 육체의 모스 부호였다. 늘 끓어오르는 그녀의 병은 실제로 몸이 앓고 있는 욕망의 병인 것이다. 사랑한다? 사랑하지 않는다? 사랑한다 그리고, 살아가지 않는다.

은밀한 정숙과 관능

강신애

1961년 경기도 강화에서 태어났다. 1996년 시 「오래된 서랍」 등으로
『문학사상』 신인상에 당선되어 작품 활동을 시작했다.
시집으로 『서랍이 있는 두겹의 방』이 있다.

나는 맨 아래 서랍을 열어보지 않는다
더 이상 보탤 추억도 사랑도 없이
내 생의 중세가 조용히 청동녹 슬어가는

긴 여행에서 돌아와 나는 서랍을 연다
노끈으로 묶어둔 편지 뭉치, 유원지에서 공기총 쏘아 맞춘
신랑 각시 인형, 건넨 이의 얼굴을 떠올리게 하는
코 깨진 돌거북, 몇 권의 쓰다 만 일기장들……

絃처럼 팽팽히 드리운 추억이
느닷없는 햇살에 놀라 튕겨나온다

실로 이런 사태를 나는 두려워한다

누렇게 바랜 편지봉투 이름 석 자가
그 위에 나방 분가루같이 살포시 얹힌 먼지가
먹이 앞에 난폭해지는 숫사자처럼
사정없이 살을 잡아채고, 순식간에 마음을
텅 비게 하는 때가 있다

겁 많은 짐승처럼 감각을 추스르며
나는 가만히 서랍을 닫는다

통증을 누르고 앉은 나머지 서랍처럼
내 삶 수시로 열어보고 어지럽혀왔지만
낡은 오동나무 책상 맨 아래 잘 정돈해둔 추억
포도주처럼 익어가길 얼마나 바라왔던가

닫힌 서랍을 나는 오래오래 바라본다
어떤 숨결이 배어나올 때까지 ──「오래된 서랍」[1] 전문

강신애의 첫번째 시집 『서랍이 있는 두 겹의 방』 해설에서

---

1) 강신애, 『서랍이 있는 두 겹의 방』, 창작과비평사, 2002.

김정환 선생은 글 말미에 추신을 달고 있다. '추신'이라는 형식의 꼬리표 뒤 말들에 나는 강한 호기심이 발동한다. 대개 그러하듯 그 안에는 글쓴이가 진짜 하고 싶은 말을 진솔하게 담기 마련이다. 김정환 선생은 강신애를 미인에다 여장부라고 말한다. 주량 튼실하고 노래 명창이라고 표현한다. 그러면서 너무 사무적이고 모종의 "정다운 육감의 끼"가 부족하다고 핀잔을 준다. 그러나 나는 선생이 강신애 시인을 잘못 보고 있는 것은 아닐까 생각했다. 강신애는 관능적 "육감의 끼"로 가득 찬 여인이기 때문이다. 강신애의 시를 꼼꼼히 읽으면 안다.

처음 강신애 시집을 대하였을 때 나는 강신애가 '수녀' 같다고 생각했다. 강신애의 시는 단아하고 절제된 정숙함이 있기 때문이다. 세상에 대한 초월과 고독을 동시적으로 환기시키고 있다. 누군가에게 들은 그녀의 근황이 그러했다. 이를테면 혼자 살고 있는 독신에다 가난한 시인이다. 아이들 글쓰기 과외를 하며 살고 있다. 나는 혼자 사는 여자의 가난을 생각했다. 동시에 세상에 대한 염결성을 가진 정신적 구도를 생각했다. 나는 강신애를 그녀의 삶과 연관지어 읽고 있었다. 그러나

강신애의 시는 현실적 가난과 고독의 조건을 넘어서려 한다. 정신적 고투가 느껴지는 부분이다. 자기 절제의 엄격함이 배어 있다. 이것이 강신애의 시에서 느껴지는 종교적 도

도함이다.

시집의 제목 『서랍이 있는 두 겹의 방』에서처럼 강신애는 두 겹의 방에 끼여 있다. 현실이라는 방과 비현실의 방이다. 생활 정보지에서 찾는 지상의 방 한 칸(「액자 속의 방」)이 첫번째 방이다. "대흥동 가파른 계단 끝"에 "비좁은 복도를 마주하고 세든 세 가구가 공동 화장실을" 쓰고 있다. 오다가다 마주치면 "서로 스며야" 한다. 두번째 방은 숲속 방이다. "따뜻한 뿌리를 베고" "나뭇결 고운 잠"(「두 겹의 방」)을 자고 싶은 방. 두 겹의 방은 그녀 사유의 두 갈래를 유추하게 한다. 두 가지 현실에 대한 환유다.

시인은 남루한 일생(一生)의 방 한 칸을 찾아 거리를 돌아다니면서도 외로운 고절의 정신을 놓지 않는다. 강신애의 시는 단아한 수녀의 초월성과 고독처럼 보인다. 현실과 비현실의 틈새를 왕래하는 외로운 구도자처럼 보이게 한다. 그러나 나는 강신애의 시에서 '들썩'거리는 관능을 본다. '꿈틀'거리는 관능을 흘낏 본 듯하다. 고결한 엄격함 아래 숨어 있는 사랑이라는 병을 목격한다. 자기 절제 아래 숨긴 지독한 병. 강신애는 품위 있는 냉정함을 드러낸다. 하지만 내부에는 사랑에 대한 들끓음으로 가득하다. 강신애는 만질 수 없는 영혼에 대한 교류를 강구한다. 그녀는 "오늘 밤 너와 함께 있고 싶어"라고 말한다. 사랑이라는 "아름다운 뿔에 찔려/영원한 흉터를 지니고 살아간들 어떻겠어?"(「아름다운 뿔」)라고 말한다. 강신애는 "그"의 손끝이 아니면 닫혀버리는 미모사[2]인 것이다.

나는 강신애를 한번 '기생'이라 불러보고 싶다. 기생은 사대부 양반을 사랑하지만 사대부에게는 정실 부인이 있다. 기생은 선비를 사랑한다. 하지만 어차피 '수동적 기다림'만이 그녀 사랑의 모든 결과물일 뿐이다. 기생은 언제나 부재하는 임을 기다리는 정념의 여인이다. 사랑은 부재와 존재의 그 간극에 있다. 내 안에 영원히 오지 않는 '미끄러짐'이다. 사랑은 보이는 몸과 보이지 않는 몸을 동시적으로 지각하려 한다. 하여 사랑은 관능적이다. 존재하면서 존재하지 않는 것, 현전하면서 부재하는 그(그녀)의 손길과 눈길과 말. 상상 속에 있는 그(그녀)의 몸이 마치 세상의 미만한 습기처럼 내 몸을 통과한다. 그(그녀) 숨결의 호와 흡 과정은 숨이 막힐 지경이다.

강신애의 등단작이기도 한 「오래된 서랍」을 읽는다. 마지막 연에서 시인은 "닫힌 서랍을 오래오래 바라본다." "어떤 숨결이 배어나올 때까지" 지켜본다. 이 과정은 파도치는 숨결을 억제한 채 숨죽이고 있는 순간이다. 작은 호흡마저도 오그라든 침묵의 부동성과 엄숙함이다. 긴장의 공포를 느끼게 한다. 이 극단적 엄격함에서 나는 여성의 에로스와 타나

---

[2] 미모사는 여름에 연분홍빛의 잔꽃이 피는 식물이다. 잎은 잔잎이 깃 모양으로 붙는데, 건드리면 이내 닫히며 아래로 늘어진다.

토스를 느낀다. 폭발할 듯 억누르는 사랑 에너지의 발산을 감지한다. 관능적 촉각을 감지한다. 그녀는 이미, 사랑을, 시선으로 '만지고' 있다.

「오래된 서랍」은 지나가버린, 이미 과거가 되어버린 사랑의 흔적을 서랍에서 꺼내려다 서랍을 도로 닫아버리고 마는 어느 여인의 이야기다. 고립되기를 열망하는 한 여인처럼 첫 연에서 시인은 단호하다. 시인은 "맨 아래 서랍을 열어보지 않는다"라고 말한다. 과거의 추억과 사랑이 녹슬어가기를 서서히 기다리는 닫힌 서랍이다.

사실 추상적인 것은 우리를 고통스럽게 하지 못한다. 동요하게 하지 못한다. 오히려 구체적인 것들이 확고부동하고 순수하게 우리의 고통이 되고 만다. 길을 걷다가 한참 뒤에 알게 되는 것은 그 사람의 냄새가 내 몸 어딘가에 남아 있다는 사실이다. 그 사람의 부드러운 머릿결이 내 의지와 상관없이 우연히 불려나온다는 것이다. 편지 뭉치가, 유치한 선물이, 일기장이, 이별을 확인시키는 상관물처럼 서랍 밖으로 불려나온다. 현실 밖으로, 기억 밖으로 불려나온다. 시인은 "누렇게 바랜 편지봉투 이름 석 자"와 그 위에 얹힌 먼지를 본다. "사정없이 살을 잡아채"이는 숫사자 앞의 가련한 짐승이 된다. 시인은 자신을 간신히 추스르며 "서랍"을 닫는다.

과거의 기억들을 현재의 순간에 떠올리게 되는 순간 우리는 '물신주의자'가 되고 만다. 사랑은 추상적인 것이 아니다.

실은 지극히 유물론적으로 남아 있는 사물이나 사물의 외연으로 화한다. "유원지에서 공기총 쏘아 맞춘/신랑 각시 인형, 건넨 이의 얼굴을 떠올리게 하는/코 깨진 돌거북." 과거의 특별한 감정과 경험들은 하나의 이미지다. 이미지는 일정한 경계를 가지면서 공간을 점유한다. 사랑의 기억을 환기시키는 "오동나무 책상 맨 아래" 서랍에 간직된 추억은 너무나 분명하다. 어떤 해석도 할 수 없는 이미지의 본질이다. (사랑은 말로 표현되는 것이 아니어서) 이미지는 사물처럼 외연을 가진다. 사물과 마찬가지로 의식의 공간을 차지한다. 공간을 점유한다.

기억을 불러내는 것은 이러한 견고하고 완벽한 이미지와의 투쟁이다. 지나가버린 사랑을 회억하는 행위는 잔혹하다. 가혹한 이미지, 어떤 것도 비집고 들어갈 틈이 없는 이미지의 공격이라 할 수 있다.

"絃처럼 팽팽히 드리운 추억"은 어두운 지층대에 속해 있다 오래된 서랍을 여는 순간 갑작스런 햇살처럼 튕겨나온다. 시인은 추억이 "포도주"처럼 익어가길 얼마나 바라왔던가. 시인은 서랍을 닫는다.

사랑에 빠진 자가 물신주의자가 된다는 사실은 그녀의 시 「마노」에서도 증명된다.

    나는 그 돌을

책상 가운데 두고 소중히 보살핀다

바라보면 입속에
수세기의 침묵이 고이는
마노에는
그것을 건네받던 순간의 긴장이
고스란히 지문 찍혀 있다.

그 돌에서 나는
난롯가의 농담, 저녁의 가벼운 흥분,
사소한 다툼들을 불러낸다 ——「마노」 부분

  시인은 책상 가운데 돌을 소중히 보살핀다. 지난날 난롯가의 농담, 가벼운 흥분, 사소한 다툼을 불러낸다. 과거의 기억들은 마치 뒤죽박죽된 빛의 잔영처럼 흩어져 있다. 이미지의 발산처럼 혼재되어 있다가 기억을 통해 모인다. 시인 안에 아주 깊은 자국으로 남아 있던 기억은 서로 관련 없는 것들로 연결되어 있다. 기억은 관련 없는 것들이 복잡하게 땜질되어 있는 어떤 것이다. 돌은 그 기억의 시간 이미지들이 모여 이루어진 정신의 몽타주라 할 수 있다. 시인은 사랑의 환유물처럼 돌을 소중히 책상 위에 앉혀둔다. 시인이 현재로 불러낸 과거.

이미 지나가버린 사랑의 혼란스러운 지각 경험은 자신의 주관적 조건에 맞추어 모형을 제작한다. 주관적 선택에 의해 기억들은 주관적 형식으로 재구된다. 돌은 "아름답게 금이 간 날들을 삼키고" "응고된 새의 표정으로" 시인 앞에 있다. 사랑을 기억한다는 것은 수많은 이미지 조각들에 이리저리 봉합선을 그어대는 것이다. 다시 그것을 근사한 재현으로 주관화하는 것이다. "사랑의 파편들이 새로 태어나고 태어" 난다. 사랑의 파문은 기억하는 자가 만들어내는 이미지의 연쇄. 이미지의 모형 제작으로 가능하다.

그리하여 시인은 물신숭배자가 된다. 조그만 부스러기들을 갖다 모으는 것, 낡고 남루한 오래된 물건을 갖고 다니는 것, 시인은 페티시즘의 신봉자다.

모든 이미지 제작과 물신은 사랑이 부재하다는 데서 기인한다. 시인의 책상 서랍은 닫혀 있다(「오래된 서랍」). 마노는 홀로 남겨져 있다(「마노」). 그러나 홀로 있는 시인의 고립은 폭발하기를 기다리는 욕망으로 가득 차 있다.

    밤, 열린 창틈으로 새가 날아 들어왔다
    벽과 천장에 쿵쿵 머리 박으며
    새는 태아처럼 울부짖었다

    내게 무시무시한 공중의 법을 보여주고 싶었니?

돌아가!
황록빛 대기를 묻힌 깃털 하나하나가 내겐 공포야

나는 빗자루를 휘저어 새를 내쫓는다
—「부드러운 흔적」부분

 밤, 열린 창틈으로 새가 날아 들어온다. 한밤중 방 안으로 날아든 새는 태아처럼 운다. 머리를 벽에 찧는다. 나갈 길을 잃어버린 새의 울음은 출구를 잃은 채 내출혈을 앓고 있는 실연한 자의 절규 같다. "새는 형광등 위에 뭉친 먼지를 방 안 가득 찢어발리고/책을 흩트리고 이부자리에 발자국을 찍으며 날"뛴다. 새는 "창공을 벗어나면 눈멀어버리는 자신에게 절망한"다. 새는 억압된 욕망과 분노다. 공포의 음률이다. 시인의 몸속 누군가가 심리적이고 육체적인 박탈을 항의하며 새처럼 울어댄다. 방 안에 갇혀버린 새의 울음은 이별 후 울부짖는 몸 안의 목소리다. 측정할 수 없는 상흔의 깊숙한 절망이 드러난다. 쏟아진다. 그러나
 강신애 시는 이 폭발할 듯한 절규를 조율한다. 극단적 균형과 긴장으로 조율하고 있다. 강신애의 시는 매우 성공적으로 균형을 취한다.
 비오는 주말 오후 강신애는 혼자 영화 보러간다. "팝콘처

럼 소곤대는 사람들" 틈에서 혼자 영화관에 온 어색함을 종이컵의 온기로 녹인다. 추억이 몇 번이나 계단을 구르는 것을 본다. 휘장을 들추며 사람들이 쏟아져 나온다. 추억은 다시 한번 발길에 채인다. 시인은 종이컵을 구긴다. "천천히 입구 쪽으로" 간다(「나는 천천히 입구 쪽으로」).

 사랑의 감정은 쏟아지지 않고 '꿈틀' 하기만 한다. 몸속에 팽창되는 기운은 언어를 찾지 못하고 배회한다. 추억을 생각하던 여자는 종이컵을 구긴다. 추억은 발설되지 못한 채 조심스럽게 숨겨져 있다. 강신애의 언어는 사랑의 추억이 심연의 결을 따라 이어진다. 그러다 깊고 긴 주름을 언어 표면에 새긴다. 격렬한 과잉을 억누르고 있는 조용한 긴장, 강신애의 시는 발설하지 못한 말의 긴장이 서려 있다. 억제된 사랑의 추억이 산채로 포획된 말이다. 그 말들이 만든 문형이다.

 「오래된 서랍」에서 시인은 오래 닫혀 있는 서랍 같다. 몸속에 원초적 어둠을 켜둔 사람이다. 그러나 그녀는 그 우물 안을 들여다보지도 않는다. 우물을 흙으로 메워버리지도 않는다. 조용히 우물에 눈꺼풀 같은 뚜껑 하나 덮어버린다. 기억들이 발효되어 포도주처럼 익어가도록. 황홀하고 도취적인 사랑의 탐미주의자처럼. 아니 시인은 오래오래 서랍을 바라봄으로써 사랑 앞에서 서성인다. 사랑을 지워버리지도 그 영혼을 만지지도 않은 채. 절제되고 정숙한 여인처럼. 시인은 서랍을 바라본다.

이 시의 행위 축들을 살펴보면 '서랍을 열어보지 않는다 → 서랍을 연다 → 두려워한다 → 서랍을 닫는다 → 서랍을 바라본다'의 순서로 진행된다. 시인은 과도하게 촉발되는 감정을 단정하고 절제된 행동의 순환 구조로 나타낸다. 언어는 정제되어 있다. 가늘게 떨리는 감정마저도 행위의 절제로 일관되어 있다. 안정되게 처리된다.

이것은 시의 구조가 연극적 플롯을 닮아 있다는 점과 관계한다. 발단 → 전개 → 위기 → 절정 → 대단원으로 시적 구조는 펼쳐진다. "청동녹"처럼 조용히 녹슬어가기를 원하던 시인의 고요는 절정에 가서 "먹이 앞에 난폭해지는 숫사자처럼" 변한다. 다시 통증을 누르며 추억이 "포도주처럼 익어가"기를 바란다. 마지막에는 오래오래 서랍을 바라보는 것으로 시를 끝맺는다.

숫사자처럼 내재된 폭력을 안간힘으로 다스리려는 시인의 인고는 대부분의 행위 시퀀스의 끝을 '다'로 끝맺음으로써 감정을 차단한다. 시인은 시의 문형(文形)을 단아하고 절제된 '~한다'의 구문으로 만든다. 스스로의 욕망을 다스린다. 언어 형태의 주조를 통해 배회하는 욕정과 기운을 가둔다. 그러나

시인은 서랍을 열어젖혔던가. 시인은 서랍을 열어젖히지 않은 것이다. 들썩거리는 사랑이 서랍 밖으로 튀어나오는 순간 기억은 구토처럼 쏟아질 것이다. 말은 광증을 지닌 채 반

복되거나 과잉되거나 말더듬이가 되고 말 것이다. 시인은 이 광증과 수다로 가득한 사랑을 서랍 안에 가둔다. 그 주위를 배회하는 시선만을 남겨둔다. 시인은 광적 사랑을 가두어두는 대신 정제된 시의 언어를 획득한다. 그렇게 하여 시인은 몸속에서 팽창하는 기운을 절제한다. 닫아놓은 서랍을 바라본다.

 사랑이 진정 관능적인 것은 지시하는 '사랑의 대상' 때문이 아니다. 사랑의 대상을 구성하고 결합하는 과정에서 만들어지는 '공백' 때문이다. 시인과, 시인이 오래오래 바라보는 서랍 사이 그 간극에 긴장의 공포가 생긴다. 열망이 분출한다. 강신애의 시는 팽창의 기운을 엄격하게 누르는 자기 절제를 보여준다. 문형의 엄격함은 감정을 절대적으로 흡입하게 만든다. 시인과 대상 사이 공백에서 벌어지는 치열한 감정의 충돌과 견인은 시를 매혹적이게 한다. 단지 오래오래 지켜봄으로써, 지켜보는 것의 우직함과 간절함으로써 강신애 시는 관능적이다. 강신애 시는 정숙한 관능의 발설법이다.

더러운 피

조말선

1965년 경남 김해에서 태어나 동아대 불문과를 졸업했다. 1998년 부산일보 신춘문예에 당선, 같은 해 『현대시학』 신인상을 수상하며 등단했다.

꽃을 삼킨다 꽃잎에 매달린 목젖으로 토마토를 삼킨다 붉은 추문을 삼킨다 너와 놀아난 놈은 다 불어라 다 불기 전에는 죽을 수 없다 그 가지에 한 번이라도 걸터앉은 놈, 달빛, 눈빛, 그 가지를 축축하게 핥아내린 것, 빗물, 바람 너는 죽어야 풀리는 주문에 걸렸다 늙은 엄마가 명주실을 칭칭 감은 내 엄지손가락을 바늘로 딴다 시뻘건 토마토가 송이송이 열린다 꽃이 열린다 달빛이 열린다 눈빛이 열린다 나에게 걸터앉은 네가 열린다 늙은 엄마가 손가락을 꾹꾹 눌러 검붉은 피를 훑어내린다 콱콱 등을 치신다 토마토 가지가 내 정강이뼈를 닮은 이유를 아니? 식탁 위에 있는 토마토가 시뻘개지고 있다 제 몸의 추문 한 방울을 다 빨아먹고 있다
—「누가 토마토 모종 아래에 흥건한 서답을 묻었나?」[1] 전문

가령 여성 시인의 어떤 은유들은 치명적일 때가 있다는 것이다. 노골적인 자기 폭로가 독자에게 치명적인 상처를 준다. 이를테면 여성 시인은 주로 여성 신체를 극단적 은유로 묘사한다.

옛날부터 남성에게는 장식적 몸치장이 금기시되어왔다. 반하여 여성에게는 신체에 관한 모든 것들이 금기시되어왔다. 전통적으로 가부장제는 여성과 신체를 등가에 놓았다. 여성을 금기시해야 할 관능과 타락의 영역으로 전락시켰다. 중세 때 유럽에서는 월경을 하는 여성은 절대로 집 문밖에 나올 수 없었다. 월경을 하는 여자의 집 앞을 지나가면 그날 하루 재수가 없다는 통설이 있기도 했다. 피는 기독교 전통에서 희생의 의미를 지니면서 신성한 것이기도 했다. 동시에 육체적 타락과 불경의 의미를 지니는 것이기도 하다.

처녀들은 단 한 번의 경험으로 피를 흘려야 했다. 중세 때 성주들이 가졌던 초야권은 이 불경스럽고 공포스러운 일을 신성한 지위를 가진 자가 해야 한다는 데서 비롯되었다. 소설 『제8요일』에서 전쟁과 가난 속에서 사랑하는 연인은 함께 있을 공간이 없다. 사랑을 나눌 사면이 벽으로 둘러싸인 장소를 발견하지 못한다. 결국 여자는 가난과 배고픔으로 다른

---

1) 조말선, 『매우 가벼운 담론』, 문학세계사, 2002.

남자에게 몸을 판다. 여자가 처음으로 사면이 벽으로 둘러싸인 공간에 들어가서 그렇게 소중하게 간직한 처녀를 바치는 순간, 침대 위 시트에 피의 흔적을 보는 순간, 여자의 손님은 "이런, 재수 없어!"라고 내뱉는다. 피는 생명의 상징이면서 죽음의 상징이고 죄악의 상징이다.

뱀파이어 영화에 계속해서 아름다운 여자들이 등장한다. 여자들은 그들 자신이 피의 전염자이자 타락의 계승자임을 드러낸다. 아름다운 여자는 흡혈의 희생자이자 가해자다. 흡혈당할 때의 표정은 그야말로 성적 엑스터시의 쾌감과 동시에 고통이다.

여성들은 평생에 걸쳐 이 육체의 징후들에서 자유로울 수 없다. 한 달에 한 번씩 그들은 자신이 지극히 육체적 존재라는 사실을 출혈을 통해 확인한다. 임신하여 과격하게 늘어난 식욕과 몸의 팽창, 출산을 통한 피의 배출. 여성은 스스로 이 복잡하고 미묘한 몸의 통로를 가지고 있음을 감지한다. 피흘림을 통해 매 순간 몸의 탈각을 체험하는 존재라는 것을 의식한다.

그러나 문명은 위생과 문화라는 이름으로 피의 자국을 씻어왔다. 대형 마켓 냉장 유리창 안에 누워 있는 벌거벗은 닭의 몸은 피가 철저하게 씻겨 있다. 농경 사회에서 앞마당에 놀던 닭을 식칼로 잡을 때 뚝뚝 떨어지던 피를 우리는 이제 더 이상 볼 수가 없다. 닭은 깨끗하게 털이 뽑혀 있다. 알몸으로 몸을 구부린 채 누워 있다. 냉동닭을 보며 나는 상상할 수가 없다. 그것이 한때 따뜻한 체온을 가지고 있던 짐승이었다는 사실을. 소리를 지르며 뛰어다니던 짐승이었다는 사실을. 문명은 피의 흔적을 야만이라는 이름으로 서서히 제거해왔다. 피는 병원에서, 죄의식은 교회에서 깨끗하게 처리된다.

그렇게 볼 때 여성의 몸은 문명화 이전의 동물성을 여전히 간직한다. 그 원시성을 고스란히 간직하고 있는 피의 몸이다. 여성시에서 몸을 텍스트화하는 것은 자연스러운 역사의 산물이다. 여성의 신체는 자연적 기호의 세계다. 도상의 세계, 미신의 세계다. 조말선의 시에서 피, 붉은 것의 등장은 자연스러운 것이다. 조말선은 금기시되어온 더러운 피로 글을 쓴다. 신성한 문명, 남근의 세계를 향해 시를 쓴다. 그녀의 피는 그녀 시 텍스트의 질료인 것이다.

흔히 여성은 남성의 펜에 의해 씌어지는 비어 있는 페이지로 비유되어왔다. 여성은 텅 비어 있는 흰 종이에 불과하다. 여성은 부재 그 자체다. 결핍의 등가물이다. 오랫동안 여성의 신체는 남성에 의해서 언급되고 은유되었다. 자동 반복과 진부성 속에 놓여 있었다. 여성 신체는 남성에 의해 읽히고 씌어지는 텍스트였다. 남성이 던지는 모든 시선에 의해, 비밀스럽고 불경스러운 남성 독서에 의해 여성은 텍스트화되어왔다. 불경스러운 남성 독서는 그들의 소유욕을 베껴놓은 것이다. 포르노그래피의 장면들은 여성 신체의 부분부분을 파편화해놓고 있다. 거대하게 클로즈업된 여성 신체의 각 부분은 극단적 도구화를 암시한다. 물화를 드러낸다. 포르노그래피는 남성 시선에 의한 권력과 장악력을 과시한다.

여성이 글을 쓴다는 것은 궁극적으로 스스로 저자가 된다는 것을 의미한다. 자신의 삶에 대한 기술자가 된다는 것이다. 그럴 때 여성의 글쓰기는 파괴적이거나 폭발적인 해체를 준비하곤 한다. 여성 신체는 문화적 문제들이 기술되어 있는 전사(轉寫)다. 그런 점에서 여성 시인의 시에서 신체 분해가 자주 드러나는 것은 자연스러운 과정이다. 여성시에서는 팔 다리가 절단되고 목이 잘려나간다. 사지가 찢긴다. 심지어 분해된 신체를 먹는 카니발리즘이 나타난다. 극단적 위악성을 드러낸다.

조말선의 시 「거울」에서 "내"가 찢긴 아버지를 받아 마신다. "내"가 쑥쑥 찢긴다. 「토마토」에서 엄마가 토마토인 "나"를 집어먹는다. "너무 익었어" 하며 다시 뱉어낸다. 「손목을 자른 장갑이」에서 손목을 자른 장갑이 "네 목"을 딴다. 이러한 신체 파손 혹은 절단은 스스로의 거울을 깨뜨리는 행위다. 남성 전통에 의해 재현되어온 여성의 거울을 깨뜨리는 것이다. 전통적으로 고정되어온 여성 신체에 대한 일종의 난장질이다. 여성 신체를 둘러싸고 있는 허구적 틀에 저항하기다. 가공할 만한 자기 파괴라 할 수 있다.

신체 절단을 즐겨 자행하는 여성 시인이 있다. 김혜순, 박서원, 김언희, 조말선. 이들은 일종의 거대하고 강력한 여성 사디스트를 연상시킨다. 가부장제에 의해 불타고 상처 입고 해체되는 마녀의 신체다. 나무 기둥에 몸이 꽁꽁 묶인 채 마녀의 몸이 불타오른다. 마녀는 어떤 얼굴을 하고 있었나. 그녀는 깔깔거리며 웃고 있었다. 불타고 있는 몸과 웃음, 그러니까 여성의 글쓰기는 스스로 자기 파괴적 소진 속에서 섬뜩한 웃음을 웃는 것이다. 자기 자신의 몸을 제물로 하여 행해지는 글쓰기다.

그러니 여성의 글쓰기는 도착적이다. 여성의 글쓰기는 정신 분석적 질병의 기호가 읽히기 때문이다.

   빨간 입은 분노였네 노란 입은 빈혈이었네 파란 잎은 두려움이었네 분노를 빈혈을 피워야 하는 파란 잎은 세차게 멍들었네 아버지가 비닐하우스로 들어오셨네 이런, 신발이 작구나 얘야 걱정스런 아버지는 신발을 벗기고 내 발가락을 잘랐네 발가락이 잘릴 때마다 나는 열매를 맺었네   —「화분들」부분

조말선의 시에는 "비닐하우스" "화분" "모종" "꽃병" 등이 자주 등장한다. 여성 신체는 자주 식물에 비유되곤 한다. 대개 꺾이고 잘리고 뜯긴다. 「화환」이라는 시는 이렇다. "축하용 화환을 주문했다//축복을 뜯었다//네가 뜯고//그가 뜯고//아침에 도살된 모가지에 핏물이 남아 있다//피가 마르

기 전에/꽃들은 단두대를 떠나고 싶다." 꽃들은 다 목 부러진 꽃이다. 개업 축하용 꽃들은 모두 몸이 꺾여서 화환의 얼굴을 장식한다. 화환은 뼈들로 가득한 식탁이다.

조말선의 시에서 식물들은 이처럼 한계 지워진 테두리 속에 있다. 인위적 재배와 지배의 공간 속에 놓여 있다. 비닐하우스 안의 식물, 화분 안의 모종이나 꽃병 안의 꽃이다. 갇힌 공간 내에서 누군가에 의해 길러지는 존재다. 시인은 전통적으로 여성의 신체를 꽃으로 비유해온 남성 전통을 교묘하게 전유한 셈이다. 시인은 참고 돌보고 달래고 마비시키며, 멋게 하고 흡수하며 지탱해온 여성 신체에 대한 역사를 가져온다. 그리고 자기 방식으로 그로테스크하게 비튼다.

여성의 신체는 화분 안에서 모종처럼 키워진다. 제한된 감금 속에서 자라난다. 비닐하우스로 들어오신 아버지가 신발이 작다고 '내 발가락'을 자른다. 발가락을 자를 때마다 '내'가 열매를 맺는다. 식물의 가지치기, 잎따주기를 통해 더 튼튼한 열매를 맺게 하는 과정이다. 여성 신체는 절단된다. 욕망의 어두운 힘은 제거된다. 그럼으로써 문명과 가부장제는 권력을 유지한다. 가부장제의 일방적 폭력성이 환기된다.

"아버지 제발 제 신발을 돌려주세요 한 번도 신지 못한 새 신발들이 쓰레기통에 버려졌네." 이 부분은 더욱 알레고리적 해석을 가능하게 한다. 신발은 자유로운 방랑과 욕망 분출의 전형적 상징인 것이다.

동화 「빨간 구두」에서 여자아이는 빨간 구두를 신고는 교회에 오지 말라는 말을 듣는다. 금지의 말을 듣고도 계속해서 빨간 구두를 신고 교회를 간다. 어느 날 저주처럼 그녀가 빨간 구두를 신고 교회 문을 나서는 순간 구두는 미친 듯이 춤을 춘다. 멈추고 싶어도 멈추어지지 않는다. 그녀는 지쳐 운다. 급기야 자신의 발목을 잘라달라고 도끼를 든 사람에게 말한다.

 끔찍하고 섬뜩한 거세에 대한 이야기다. 빨간 구두는 욕정의 바람기를 의미한다. 광기와 같은 여성의 음탕한 관능성이다. 철저하게 기독교적 정화와 세례를 받아야 한다.

 조말선의 시에서 여성은 발가락이 잘린다. 신발이 버려진다. 갇혀진 존재, 침묵과 불구의 몸으로서의 여성 신체라 할 수 있다. 그러나

 내가 조말선의 시를 읽으면서 곤혹스러움을 느끼는 것은 강박증적 분열증이 주는 불편함 때문이다. 히스테리 환자들은 '사고적 언어적 유형'이 아니다. '시각적' 존재들이다. 원색적 색감이나 구도가 드러나는 그림으로 사유한다. 그들의 머리 속에는 어떤 유령이 있다. 그들은 내부에서 항상 자신을 쫓아다니는 이미지에 시달린다.

 19세기 빈의 정신분석치료사는 안나 오 Anna O의 히스테리 심리 치료를 한다. 정신분석치료사는 안나 오의 저항을 분쇄하며 잘라내려 하였다. 그러나 안나 오는 상상 임신과 상

상적 산물들의 충격을 드러냄으로써 분석자를 비웃었다.

조말선의 시에서 "분노"는 "빨간 입"으로 드러난다. "빈혈"은 "노란 입," "두려움"은 "파란 잎"으로 드러난다. 신경증 환자들이 보여주는 히스테리적 이미지가 시각화된 것이다. 시각의 원색적 이미지들은 상상적 공포다. 두려움을 극단적으로 감각화한 것이다. 강박증을 앓고 있는 여성 히스테리 환자의 이미지다. 시인은 질병적인 것을 드러낸다. 병이라고 명명된 것들을 과도하게 드러낸다. 폭로의 정치학 위에 서게 된다. 신경증은 과학적 지식과 사유에 저항하는 예술적 분노를 함축한다.

그렇게 하여 여성의 글쓰기는 새로운 언어 형식과 언어 현실을 창조해낸다. 기존 언어의 기호계에 저항하는 한 방식이다. 파편적 글쓰기, 경계적 글쓰기라는 점이 페미니즘 문학이 후기 구조주의와 만나는 지점이다. 단일하고 일의적인 의미와 정체성을 거부하는 것이다. 언어의 반란에서 무엇보다 중요한 것은 기표와 기의의 거리를 뚝 떼어놓는 방식이다.

이를테면 언어의 가장 생산적 확장이라고 할 수 있는 '은유'에 의해 이루어질 수 있다. 은유는 의미 해체와 의미 생성이라 할 수 있다. 기존의 기표와 기의의 단단한 결합을 깨는 것이다. 새로운 결합들을 만들어내는 방식이다.

페미니즘 문학에서 흔히 말하는 '몸으로 글쓰기'라는 말도 지극히 은유적이다. 여성 성기 '양음순'을 매개로 해서 나온

'복수적 글쓰기'(이리가라이의 자매애적 의미를 담고 있는)라는 말도 모두 은유적 말하기 방식이다. 새로운 은유를 창출한다는 것은 기존의 은유를 교란하는 것이다. 페미니즘 이론가들이 그들의 담론을 설명하기 위해 독특한 은유를 사용하는 것은 이러한 이유 때문이다. 은유는 기존 의미를 파괴하고 새로운 세계를 형성한다. 또 다른 현실 인식의 확장을 꾀하는 것이다.

조말선의 시에 등장하는 은유는 전복적이다. 그것은 정치적 힘과 연결되어 있다. 여성적 글쓰기는 지극히 전략적일 수밖에 없다. 조말선은 시에서 시적 화자를 '토마토'로 자주 은유한다. 여성 정체성의 독특한 한 방식을 드러낸다. 토마토의 붉은색은 생명력을 암시한다. 매끌매끌한 껍질은 관능적 식욕을 자극한다. 토마토의 붉은색은 여성의 신체적 색깔인 붉은 핏방울, 혹은 붉은 방으로서의 여성 자궁을 의미한다.

「누가 토마토 모종 아래에 흥건한 서답을 묻었나?」라는 도발적인 제목은 여성의 몸속에 내재해 있는 피의 흔적을 상기시킨다. 배설과 오염으로 더러워진 핏자국을 연상시킨다. 시에서 '나'의 몸은 꽃을 삼키며 꽃을 피우는 몸이다. 토마토를 삼키며 토마토를 송이송이 열매 맺는 몸이다. 붉은 추문을 삼키고 추문을 토설해야 하는 몸이다. 삼킨 것들을 다 토해내야 하는 몸이다. 늙은 엄마는 체증에 시달리는 딸의 엄지손가락에 명주실을 칭칭 감는다. 감은 손가락을 바늘로 딴다. 검붉은 피를 훑어내린다. 지금까지의 몸의 죄악을 피로 쏟아내게 한다. 그것은 여성이 스스로 배설한 월경의 피, '서답'의 피다. 더러운 피를 쏟아야만 딸은 붉은 추문에서 해방된다. 그녀에게 한 번이라도 "걸터앉은 놈," 치근덕거리며 신체를 탐하던 음탕한 시선들에서 해방된다. 여성의 몸에는 언제나 '간음한 여인'이라는 헤스터의 'A'가 새겨져 있다. 추문으로 이루어진 붉은 몸, 그것이 그녀의 몸, 토마토인 것이다.

여성의 글쓰기에서 모유로서의 글쓰기가 부드러운 우윳빛의 액체를 흘리는 글쓰기라 한다면 조말선의 시는 그야말로 피로서 글쓰기, 저항과 투쟁의 글쓰기라 할 만하다. 비닐하우스를 "구겨진 콘돔"으로 비유한다. 그 안에서 "독한 가난을 피임하는" "허리 굽은 아버지"(「비닐하우스」)가 태어난다. "늙은 아버지는 내가 벗어둔 구두였네"(「구두」)라고 진술한다. 시인은 아버지와의 결정적 대결 관계들을 기술한다. '아버지'야말로 익히 아는 바대로 가부장적 폭력의 실체다. 조말선의 시는 다른 여성 시인들의 시에서와 마찬가지로 아버지를 능욕한다. 아버지로 상징되는 권력적 권위를 조롱한다. 철저하게 파괴하며 기괴하게 일그러뜨린다.

조말선 시는 독한 공격적 저주를 담고 있는 듯하다. 자기 학대를 통한 사디즘적 공격이다. 그러나 조말선의 시가 독특한 것은 사디즘적인 데 있지 않다. 오히려 마조히스트적인 것을 향한다는 데 있다.

사디스트는 아이러니를 발생시킨다. 사디스트는 아이러니라는 반어와 연결된다. 사디스트의 언어는 약자의 변호로 기능하지 않는다. 오히려 반대로 폭력에 저항하기 위해 그보다 더 절대적인 폭력으로 약자를 비난한다. 사드의 언어는 괴로움을 극한의 상황으로 되돌리려는 노력이라 할 수 있다. 그는 이렇게 말한다. "진정한 악이란 바로 이런 것이야!" 그런데

마조히스트는 유희를 향한다. 마조히스트의 유머는 새로운 저항법이다. 위협과 금지와 불안으로부터 결코 벗어날 수 없음을 인식할 때, 어떻게 그 안에서 저항하고 도발을 감행할 수 있는지를 잘 보여준다. 아이러니는 사물들의 표면을 심층적인 것으로 조소하거나 비판하는 기능을 띤다. 그러나 유머의 기술은 사물의 심층을 표층으로 끌어올리는 힘으로 작용한다. 유머 안에서 존재들의 위상은 우스꽝스러워진다. 가벼워진다. 마조히스트는 가부장적 법을 난센스로 만든다.

뭐가 걱정이에요 아버지, 이 바싹바싹 타는 혓바닥을 뭐가 걱정이에요 아버지, 이 뭉텅뭉텅 뽑힌 머리채를 뭐가 걱정이에요 아버지, 이 시들시들 말라가는 쭉정이들 당신이 자른 이 바싹바싹, 이 뭉텅뭉텅, 이 시들시들, 이 싹둑싹둑, 이 자글자글 당신이 뽑아낸 이 모가지들 뭐가 걱정이에요 아버지, 저 빡빡한 유통 기한 저 코를 찌르는 죽음 꽃으세요

─「오아시스」 부분

조말선의 시에서 피학적 욕망은 실현과 표현을 넘어선다. 아버지의 법질서에 대한 난센스를 예증한다. 그녀는 스스로 처벌받기를 원함으로써 아버지를 조롱한다. 스스로 몸이 찢기고 잘리고 뽑히고 갈라진다. 시인은 마조히스트적 쾌감을 찾는다. 그것은 자신(마조히스트) 안에 존재하는 아버지의 잔재들에 대한 찢김이자 매맞음과 관계한다. 자기 자신이 가부장 체제 내의 존재임에 대한 분노이기도 하다. 그녀는 찢기고 매맞음으로써 제2의 탄생을 원하고 있다.

　"뭐가 걱정이에요 아버지"라고 말한다. 아버지의 폭력적 학대를 즐겁게 중얼거린다. 그렇게 본다면 조말선 시의 극단적 피학증은 새로운 비웃음이다. 하루에 수천 개 가시를 삼키며 몸에서 꽃피우는 살기(「가시연」), 음식으로서 먹히는 자신의 몸(「토마토」), "아버지, 나를 쾅쾅 박아주세요"(「섬」)에서 매 맞고 싶은 욕구, 아버지에 의해 찢기는 몸(「거울」). 시인은 폭력의 과정과 절차들을 단순하게 역전한다. 뒤집으면서 비웃고 있다. 이것이 조말선 시의 유희와 유머다. 매맞음을 쾌락으로 이해함으로써 조롱의 진정한 쾌감을 얻는다. 마조히스트의 능동적인 매맞기라 할 수 있다. 조말선은 '마조히스트'라 불릴 수 있다.

　「오아시스」에서는 모든 것들이 절단되고 분해된다. 그 과정은 "싹둑싹둑" "시들시들"과 같은 의성어와 의태어로만 환기된다. 의성어와 의태어는 기호의 분명한 의미 체계가 아니다. 육체가 감각적으로 인식하는 소리와 모습의 환기다. 그것은 의미의 확정된 경계를 무너뜨린다. 의성어와 의태어는 소리와 모양의 질료적인 것이 암호화된 것이라 할 수 있다. 의성어와 의태어는 의미화되기 전의 암시적인 것이다. 시각적인 것과 청각적인 것, 소리와 리듬에 의해 상상적으로 암시되는 단계이다. 조말선 시에서 이 느낌의 환기는 유희적인 잉여, 흘러넘치는 리듬을 보여준다. 의성어와 의태어는 물질성의 확장으로 끊임없이 계속된다. ("이 반들반들, 이 생글생글, 이 산들산들, 이 파릇파릇, 이 발름발름") 여성의 글쓰기는 언어를 육체적 물질성과 유사한 것으로 만들어버리는 시도다.

조말선의 시는 날렵한 고양이처럼 탄력 있다. 자유롭게 가르릉거리며 독자를 할퀸다. 그녀는 독자를 상처 낸다. 입에 묻은 상처의 피를 훔친다. 그것은 한편 신성한 것을 모욕하는 더러운 피이기도 하다. 그녀는 신성 모독의 배설의 피로 세상에 난장질을 한다. 그녀는 이 피의 보균자이자 전염자이다. 해서 그녀의 시는 간혹 난해하고 그로테스크하다. 불경스러움과 폭력적 절단으로 가득 차 있다. 조말선은 '가랑이'로 세상의 족보와 사랑과 무덤을 배설한다(「거미」)고 말한다. 세상에 욕설을 해댄다. 스스로 매 맞고 싶어하는 몸의 파괴는 세상에 대한 능동적 유희와 저항이다.

은밀한 여성 신체적 경험들은 새로운 정치학적 실천을 담보한다. 이를테면 출산, 월경, 성폭행에 대한 과도한 노출증적 폭로, 아버지에 의해 금지된 하위 언어, 성기 언어를 통한 비유들은 페미니즘 문학이 하위 문화 전략과 아방가르드의 정치학과 만나고 있음을 보여준다. 자기 분열과 강박증적 병적 징후는 여성시학이 고통과 신경증적 시학이 될 수 있는 가능성을 보여준다.

  그렇다면 나는 이런 생각을 한다. 극단적 하위 문화적 전략, 고통과 강박증의 시학이 아닌 다른 방식은? 남성적 양식과 형태를 패러디하고 재구성하면서 그것을 전복할 좀더 창조적인 방식은? 존재하지 않을까?

육체의 지도

이경림

1947년 경북 문경에서 태어났다. 1989년 『문학과비평』 봄호에 시 「굴욕의 땅에서」 외 9편을 발표하면서 작품 활동을 시작했다. 시집 으로 『토끼찾기』 『그곳에도 사거리는 있다』 『시절 하나 온다, 잡아 먹자』가 있다.

이 저녁 전깃줄에 휘감겨 나는 듣네
수천 볼트의 전기 흐르는 소리
　속에 용광로를 가진 것들이 허공에서 하염없이 흔들리는 소리
　　바람은 때 없이 윙윙거리고 내 몸은 배추나비처럼 나풀거리네
나는 속을 가지지 않았네 간도 쓸개도 애초부터 없었다네
　없는 것이 속이네 안이 밖이고 밖이 안이네
찢어진 나는 더 찢어질 것도 없는 나는 질긴 것이 힘이네
아무 데나 감겨 그저 사시나무 떨듯 떠는 힘
　그것도 힘이라면 나도 힘 하나 가졌네 그럼
　　이것 봐 허공에도 몸 감을 것 있다네

나 지금 거기 몸 감고 아득히 내려다보네
저기 아래 후미진 곳에서 잠시 찬 입술 부딪는 것들
아득히 취해 모퉁이 도는 것들, 고압선 아래 엎드린 집들
덤프트럭은 시절 없이 오가고 방범대원은 골목골목 호루라기를 불어댄다네
상처들은 나무마다 환하고 그 사랑 가로등 아래 우울한 그늘 만드네
그러나 나, 감긴 몸 풀 길 없어 빈속으로 오래 견뎌야 하네
바람에 조금조금 찢기운 몸 날리며 한세상 버텨야 한다네, 공공공
허공 가득 개 짖는 소리, 전선이 몸을 휘며 우네
속의 불들이 급히 흐르고
그 사이로 어둠은 가는비 내리네
내 몸이 사시나무 떨듯 떨리네
―「상처들은 나무마다 환하다―비닐새」[1] 전문

사랑에 빠진 자는 사랑의 대상을 욕망하는 것이 아니다. 사랑이라는 '욕망을 욕망한다.' 그/그녀의 욕망을 자신에게

---

1) 이경림, 『시절 하나 온다, 삽아먹자』, 창작과비평사, 1997.

로 돌리고 싶은 욕망, 오직 욕망만을 욕망할 뿐이다. 그러니까 사랑에는 당신에 대한 욕망, 사랑한다는 그 욕망 이외에는 아무것도 존재하지 않는다. 그러나 오랜 시간의 풍습이 가르쳐준 바대로 욕망은 한 번도 실현된 적이 없다. 욕망은 결핍된다. 결핍됨으로써 욕망한다. 욕망함으로써 결핍된다. 사랑에 대한 욕망은 이 순환적 뫼비우스의 띠 속에 놓여 있다.

불안정한 감정은 그것이 불안정한 질료성을 가졌다는 점에서 더 강력한 접착력을 가진다. 감정의 불안정한 표류, 고뇌와 질투, 버려짐에 대한 불안. 사랑의 감정은 충분히 신경증적이기에 더 강렬하다. 더 치명적이다.

과잉된 에너지를 통제하려면 감정을 제도화하면 된다. 사랑이 현실적 조건 속에서 예속되는 것은 '결혼'에 의해서 이루어진다. 사랑의 감정을 통제할 수 없는 사람들은 제도를 통하여 사랑 욕망을 통어한다. 결혼은 사랑을 반복 속에 놓이게 한다. 결혼은 사랑의 불안정하고 특이한 운명을 관습화하려 한다. (결혼할 때 죽을 때까지/머리가 파뿌리가 될 때까지 사랑할 것을 맹세한다!) 반복은 대상을 관성의 습관으로 길들게 한다. 사랑의 반복적 호명, 결혼은 그런 점에서 사랑의 변태이다. 사랑은 제도화될 때 저 냉혹한 반복의 식상을 살게 되는 것이다. 결혼은 욕망의 '중화' 행위에 불과하다. 격렬히 요동하는 사랑의 욕망 여행은 끝이 난다.

사랑 욕망은 원래 불안정한 수은의 움직임 같지 않은가.

끊임없이 부유하는 부유 그 자체이지 않은가. 궁극적으로 감상적 환각을 도모하는 일이다. 사랑함으로써 미쳐 있는 것이 아니다. 주체는 사랑한다는 것에 미쳐 있다. 기형도의 '입 속의 검은 잎'은 곧 미쳤기에 폐칩된 혀다. 갇혀 있는 빈집의 울음 소리이다. 기형도는 시「빈집」에서 "내 사랑 빈집에 갇혔네"라고 말한다. 하지만 사랑이 어떻게 끝나는 것일까? 시인은 사랑 이야기를 스스로 끝마칠 수 없다. 시인은 사랑의 출발자일 뿐이다. 시인이 사랑의 끝장에 대하여 이야기하는 그 순간도 이미 그는 사랑에 속해 있는 자다. 입 안 가득 고이는 사랑의 언어는 갇힘으로써 오히려 집요하다. 오히려 사랑 욕망의 역학적 힘을 모으는 순간을 맞게 된다.

다만 사랑의 욕망은 언어의 욕망과 충돌하면서 저 변증법적 고뇌를 만끽한다. 아, 사랑이라는 절대적인 신선함을 저 상투적인 것의 극대치인 언어를 통해 표현해야 하다니. 사랑에 빠진 자는 갑자기 영혼 속에 복잡해진 언어로 인해 오염을 느낀다. 쏟아져나올 듯한 사랑의 언어들은 영혼 안에 빼곡히 가득 찬다. 수다스러운 말들은 입 밖으로 쏟아짐으로써 영혼을 순수하게 지키고자 한다. 수다스럽게 사랑을 말하는 것은 영혼을 순결하게 한다. 이렇게 하여 욕망은 육체적인 입술의 발화를 기다린다.

사랑해 사랑해

바싹 마른 몸 동그랗게 말고 하늘
하늘 속으로 곤두박질치는
저 나뭇잎   —「가을」전문

  사랑 욕망은 육체적 언어로 변화된다. 나뭇잎은 "바싹 마른 몸"을 동그랗게 만다. "사랑해 사랑해"라고 말한다. 가을 낙엽은 사랑의 신열로 온몸이 바싹 말라버린다. 급기야 온몸을 말아올려 하늘 속으로 낙하한다. 전신의 몸을 다 바쳐서 "사랑해"라는 말을 한다. 그야말로 '신체로 말하기'다. 사랑의 언어는 육체로 말하기다. 즉 그것은 신체의 파손을 전제로 하여 나오는 질료적인 것이다. 숨소리, 속삭임, 울먹거림, 비명, 사랑 언어는 육체적 질료 덩어리로 이루어져 있다.

  사실 사랑에 빠진 자가 말을 하는 것은 일종의 육체적 접촉이라 할 수 있다. 바르트는, 언어는 살갗이라고 말한다. 그 사람을 내 언어로 문지른다고 말한다. 손가락/언어 끝으로 살갗을 만지고 문지른다. 사랑에 빠진 자는 언어로 그 사람의 영혼에 접촉한다. 즉 '사랑해'라는 말은 이미 정신적인 것과 질료적인 것이 섞여 있다. 물질적 목소리라는 '질료적인 것'과 욕망의 접촉이라는 '상상적인 환유'가 섞여 있다. 이중적 혼재라 할 수 있다. 그러나

  사랑은 공포스러운 것이다. 사랑은 점점 더 진정한 교류

관계를 원한다. 원하면 원할수록 욕망은 좌절된다. 언어는 오해된다. 사랑은 지나치게 많은 생각을 하게 한다. '나'를 수다스러운 '나'로 바꾸어놓는다. 그러나 사랑의 말들은 말해지면 말해질수록 거대한 허약성을 드러내고 만다. 사랑에 빠진 자는 언어를 발설함으로써 그 사람의 영혼을 만지고 다시 되돌아와 사랑에 빠진 자신의 영혼을 만지려는 이중 접촉을 시도한다. 그러나 사랑의 언어는 항상 휘청거리며 비틀거린다. 언어로 '나'의 엄청난 정신 착란과 같은 환각을 설명할 수 없다. 언어는 다시 거대한 심연의 밑바닥만을 휘젓고 다닐 뿐이다. 사랑의 언어 속에서 '나'는 '나'를 잃고 만다.

나는 여성적 글쓰기야말로 정신 착란과 같은 사랑 언어 코드와 일치한다고 생각한다. 정교한 언어 기호를 흩뜨리는 언어라는 점에서 그러하다. 신체의 기억으로 발화되는 징후적 글쓰기라는 점에서 그러하다.

이경림의 시는 사랑의 고통이 주는 절명의 시간들을 배회한다. 사랑의 신열은 몸을 달뜨게 한다. 허열 속에서 울부짖게 한다. 그것은 세상으로부터 분리된 고립이다. 극단적 자기 부정을 체험하게 하기 때문이다. 시인은 자작나무에게 "너 지금 사랑하고 있구나 쪽쪽 살 빠지는 소리 들으며/진땀나게 그리워하고 있구나 이 엄동에 청청하게 고통/거느리고 지지푸르게 신음하고 있구나 가지에 새 한 마리/앉아도 소스라치는구나 그래 그 마음 만져지는구나"(「자작나무야」)라고 말한다. 사랑은 몸의 언어다. 몸으로 사랑하는 것이다.

>병든 몸을 업고 산을 오른다
>자잘한 시름들 빽빽이 가지 뻗는 숲길
>한 발 내딛을 때마다 無緣히 몸들 바스러지는 소리
>온 숲이 신음 소리로 가득하다
>〔……〕
>
>그래 아픔도 저리 크면 유장한 한 흐름 되는구나
>아아아아아아아아 하는
>가슴 철렁한 말 되는구나 아득한 소리 되는구나
>
>어떤 깊은 병이 저리 아득히 소리치는가
>무슨 깊은 신음이 저리 진저리치며 산허리를 깎는가
>사랑이여, 아픈 몸 업고 나뭇가지 찢으며
>산등성이 오르는 병 깊은 몸이여
>　　　　　　　　　─「어떤 병 깊은 사랑이」부분

　여성 언어는 기표 그 자체로서 부유하며 떠도는 텍스트다. 그것은 세상에 붙박이지 않는 불안한 은유 자체다. 그렇다면 사랑의 언어도 불안한 욕망의 물신화가 아닌가. 사랑의 언어는 몸과 언어가 분리되지 않는다. 사랑에 빠진 몸은 그 자체가 하나의 언어 텍스트다. 몸의 병과 신음 소리가 그의 텍스트다. 그것은 개념화를 거부한다. 몸부림침으로써 발화한다. 그의 육체는 언어적 육체인 것이다("그대 잊으려 하면 할수록 온몸의 살이 우르르 일어섭니다" 「가물가물」).

시인은 "한 발 내딛을 때마다" "몸들 바스러지는 소리"가 난다고 말한다. 숲은 신음 소리로 가득하다. 아픔은 결국 몸 밖으로 새어나온다. "아아아……" 사랑으로 병든 몸은 개념화되지 않는 언어로 발화한다. 사랑의 아픔은 몸의 아픔이다. 의식 너머의 욕망이기에 문자로 표현할 수 없다. 목소리의 발화, 신체적 틈새에서 쏟아지는 격렬한 비명, 사랑의 아픔은 성대를 떨면서 몸의 공명을 통해 쏟아질 수밖에 없다.

이를테면 이경림의 시에는 울음 소리가 자주 등장한다. 그녀는 자주 울부짖고 신음 소리를 낸다. 사랑에 중독되어 있는 자에게 사물들은 모두 자신과 같이 병들어 있는 것이다. 꽃 피고 꽃 지는 것들이다.

해가 저물고 있는 건물을, 울부짖는 사자라고 노래한다. 온몸이 밀폐된 아가리인 꽃이라고 시인은 노래한다(「우우 저무는 저 건물들이」). 건물은 "우우" 하고 울고 있는 것이다. 몸 어디 칠흑 같은 어둠 속에서 수천 마리의 고양이가 안광을 출출 흘린다. "야옹야옹야옹"(「누가 저 칠흑 같은 몸의 언저리를 수십 년 배회하고 있는가」) 하고 불안하고 슬프게 울음 운다. 또 온몸 구석 번지면서 "댕댕" 하고 맑은 종소리가 울고 있다(시인은 당신이 울리는 "댕댕댕댕" 하는 종소리가 하염없이 혈관을 타고 흐르고 있다고 말한다[「사랑 3」]). 시인은 몸 안에서 울려나오는 울음 소리를 직접적 소리로 발설한다. "우우" "아아아" "야옹야옹" "댕댕"과 같은 울음 소리. 울음의 변주들은 내면의 격렬한 파동을 직접적 소리로 드러낸다. 그것은 감정이 물질화, 질료화된 것들이다. 울음 소리는 시적 정서를 고조시키는 감정의 환유체라 할 수 있다.

이경림의 시에서 지속되는 울음 소리는 여성의 몸속에 일종의 비어 있는 어떤 곳이 있다는 것을 암시한다. 즉 소리는 공기 파장의 번져감이다. 공명이다. 비어 있는 어떤 곳이 없다면 소리의 진동도 없다. 그런 점에서 여성의 몸은 공명을 위해 속이 비어 있는 악기라 할 수 있다. 비어 있는 부재의 자리가 시인을 울게 하는 것이다. 동시에 비어 있기에 시인은 울음 소리를 낼 수 있다. 공기의 결 사이를 서로 부딪치고 파열시키면서 생겨난다. 이 소리의 발동이 바로 여성 시인의 노래다. 시다. 시인은 몸을 악기처럼 튕겨 공기의 균열을 일으킨다. 산조를 만들어낸다. 이 빈 곳의 울림 혹은 울음이 자기 몸속에서 솟아나는 몸의 언어다. 파동의 언어인 것이다.

비어 있는 곳이 사랑의 언어가 태동하는 공간이다. 이경림의 몸서리치는 통증의 절절함들은 사랑에 빠진 여성의 신음 소리다. 결핍의 틈새에서 울리는. 그녀의 시 「중얼거리다」에서 미친 사람은 알아들을 수 없는 말을 중얼거리며 시장 어귀를 돌아다닌다.

> 시장 어귀 군고구마장수 옆, 더께로 옷을 껴입은
> 미친 사람 하나, 알아들 수 없는 말을 중얼거리며
> 두리번거리네 그의 시선이 딱!
> 나와 부딪치네, 살기가 휙 지나가네, 씩 웃네,
> 살기가
>
> 엄마가가써그새끼하고아부지가봤자나
> 그새끼가내옷다가져갔자나춥자나
> 히히히히나쯘놈주길놈씨머글……
>
> 군고구마 냄새는 노리노릿 시장 어귀를 어슬렁거리는데
> 신발코를 내려다보거나
> 지나가는 사람과 느닷없이 스파크를 일으키거나 히히
> 웃거나 이것도 저것도 아닌 땐 그냥
> 중얼거리네   —「중얼거리다」부분

 규범 언어를 넘어서는 파열과 이탈의 언어 코드다. 의미화되지 못한 채 떠도는 유령 같은 언어다. 사랑의 언어는 저 미친 자의 말을 닮아 있다. 여성의 언어는 몸과 정체성을 파괴한다. 분열증을 앓고 있다. 분열증, 이경림의 시는 시적 구문

을 해체하거나 더듬거리는 실어증을 보여준다. 실어증은 분열증 때문이다.

굿모닝!
허공씨 지금 나는 당신을 버렸지. 하지만 당신
내 마음은 오늘 꼭 당신을 만나고 싶어, 이해해요?
사실…… 난…… 다만 당신을 만나고 싶어, 사실……
난 그냥 당신 만나고 싶어…… 하릴없이…… 휘적,
당신…… 만나고…… 싶어…… 봄바람같이…… 어슬렁……
신호음같이…… 빈방같이……   —「이글루」부분

이 시에서 말은 해체의 궤적을 그리고 있다. 사랑의 정념은 언어를 파열한다. 파열함으로써 사랑 욕망을 표현한다. 개연성 없이 어휘들을 서로 결합하면서 단절시킨다. 말없음표로 단어들을 연결한다(이를테면 "하릴없이" "휘적" "봄바람같이" "어슬렁" "신호음같이" "빈방같이").

시인은 사랑하는 당신을 버렸다고 한다. 그러면서 꼭 오늘 당신을 만나고 싶다고 말한다. 사랑 욕망은 자기 부정과 자기 긍정을 반복하는 분열증의 극점에 놓인다. 말줄임표의 생략과 다시 별 연관 없는 단어들의 두서없는 나열, 질서 없음이 사랑의 질서다. 사랑은 공식적인 표현을 빼앗는다. 그들만의 불가능한 모험과 지도를 만들어간다.

사랑하는 이에게 전화를 걸어본다. 받지 않는 전화 메아리음만 들린다. 시적 화자가 오직 하고 싶었던 말은 무엇인가. '당신을, 다만, 당신을, 그냥 당신을 만나고 싶다는 것, 하릴없이 당신을 만나고 싶다는 것' 그것이다. 언어의 파열을 견디며 솟아나는 그 무수한 사랑의 언어들은 결국 단 하나의 담론만을 욕망하고 있다. 부재하는 당신을 내 앞에서 현존하게 하는 것, 오직 당신만이 필요하다는 것,

 오 맙소사, 사랑의 아편쟁이, 이것이 사랑에 빠진 자의 강력한 현실인 것이다.

 한번은 이런 일이 있었다고 한다. 군대에 갓 입대한 신병 앞으로 연애 편지가 내무반에 도착했다. 고참 하나가 그 편지를 들고 왔다. 그것을 내무반의 많은 군인들 앞에서 소리내어 읽으면서 낄낄댔다. 신참은 편지를 달라고 하면서 빼앗으려 했다. 그럴수록 사람들은 편지를 이 손에서 저 손으로 옮기며 장난을 쳤다. 사람들은 더욱 큰 소리로 편지 내용을 돌려가면서 읽었다. 낄낄대며 놀렸다. 그러고 나서 얼마 후 신참은 총으로 자살했다.

 영화 「닥터 지바고」에서 지바고는 어느 날 그의 집에서 먼 길로 왕진을 하러 갔다. 그 마을에서 그가 사랑했던 아름다운 여인 라라를 만나게 된다. 지바고는 라라에 대한 그리움으로 그녀와 함께 있길 원했다. 아내에게 몇 번의 핑계를 둘러대고 라라가 있는 집을 찾아가곤 했다. 어느 날 그는 라라

의 집에 가서 울부짖는다. 더 이상 그는 그녀를 찾아올 수 없다고 말한다. 눈물의 결별이 있고 지바고는 아내가 있는 마을로 오는 눈길에서 빨치산을 만난다. 빨치산은 지바고를 산으로 끌고 간다. 그들에게 의사가 필요했던 것이다. 지바고는 애원한다. 자신에게는 돌아갈 집이 있다고. 집에서 자신을 기다릴 아내와 가족이 있다고. 그러자 빨치산들은 껄껄 웃는다. "네가 말하는 집은 어디냐. 아내가 있는 집이냐 아니면 너의 애인이 있는 집이냐." 그들은 그동안 지바고가 아내가 있는 집과 라라가 있는 집을 왕래하는 것을 산 위에서 모두 지켜보고 있었다.

지바고에게 지독한 사랑의 갈등과 정념은 빨치산에게 단순한 웃음거리밖에 되지 않는다. 신참에게 목숨 같은 귀중한 사랑 편지는 다른 군인에게 장난 같은 오락거리밖에 되지 않는다. 사랑에 빠진 자는 '자신들만의 현실성'을 가진다. 그러나 그 현실성 밖에 있는 타자에게 그것은 기껏 우스꽝스러운 것에 불과하다. 광적인 정념은 그 현실 밖에서는 유치하고 유희 같은 것이다. 사랑하는 자의 말은 유치하다. 상투적이며 동어반복적이다("밥 먹었어?" "뭐 해?" "사랑해" "보고 싶어"). 사랑하는 자에게 가장 유치한 것이 그들에게 가장 지독한 현실이다.

사랑에 빠진 자는 현실이 아니라고 하는 현실에 붙잡혀 있다. 우리에게 두 개의 현실이 놓여 있다. 현실이라고 하는 현실과 현실이 아니라고 하는 현실. 그러나 대부분의 사람들이 말하는 현실은 '내'가 배제되어 있다. 그것은 지루함만을 제공해줄 뿐이다.

사랑의 푼크툼에 빠진 자들은 매일 전화를 한다. 목소리를 듣는다. 장난기 어린 유희를 반복한다. 그들은 그들만의 방언으로 말한다. 그들만의 체제를 만든다. 과잉된 에너지의 극점에서 그들은 완벽하게 존재 에너지를 만끽한다.

나는 그러나 사랑이야말로 바로 자기 자신이 누구인가를 확인하게 되는 거울이라 생각한다. 정교하면서 분명한 거울이라는 생각을 한다. 사랑에 빠지지 않고서 내가 누구인지 어떻게 말할 수 있으랴. 환각과 같은 미망이 깨짐으로써 발생하는 환멸의 과정을 겪지 않고서 어떻게 자신이 누구인지 알 수 있으랴. 사랑에 빠진 자는 예민해진다. 섬세해진다. 감각화된다. 자신의 모든 감각과 느낌에 민감해진다. 상대방의 언어와 몸짓에 민감해진다. 그것은 곧 이제까지 망각했던 자신의 가장 깊숙한 내면을 들여다보게 되는 것과 같다. 그런 점에서 사랑에 빠진 자는 자신을 들여다보는 거울을 하나 갖게 되는 셈이다.

이제 이경림의 시로 다시 돌아와보자. 이경림의 시에서 절규와 신음은 불안한 주체의 상처를 환기시킨다. 사랑의 상처야말로 불순물이 제거된 순수한 내면이다. 사랑을 잃었을 때 우리의 영혼은 가장 순수해진다. 투명해진다. 추억은 과거의 사랑을 다시 살게[生] 하며 자신을 다시 들여다보게 하기 때문이다.

이경림의 시 「상처들은 나무마다 환하다」에서 시인은 아픈 몸의 언어를 표출한다. 시인의 몸은 전깃줄에 휘감겨 있다. 그녀의 몸 아래에는 수천 볼트의 전기가 흐른다. 그녀의 육신은 바람에 끝없이 휘날리고 찢긴다. 그녀의 몸은 속이면서 겉이다. 안이면서 밖이다. 그의 육체는 전깃줄에 감겨 있는 '비닐'이다. 비닐은 바람에 날리고 찢긴다. 찢길 것조차 없는 그 질긴 힘으로 세상을 산다. 비닐 속에 수천 볼트의 전압이 흐른다. 그런 용광로를 껴안고 바람에 온몸을 날린다. 시인은 "간도 쓸개도 애초부터 없었다"고 말한다. 사랑의 위험한 불길을 껴안고 있는 자에게는 이미 "간도 쓸개도" 없는 것이다. 전선에 매달려 있는 비닐 몸은 속이 없다. 안이 밖이며 밖이 안이다.

오, 그것은 오직 사랑 하나만을 움켜잡고 허공에서 몸을 찢기고 있는 저 가련한 자의 초상이 아니고 무엇인가. 사랑의 감전 때문에 감긴 몸을 풀 수 없는 '사랑의 아편쟁이'의 몸이 아니고 무엇인가. 그녀에게는 찢긴 비닐의 빈속으로 오래 견디는 것만이 세상을 살아가는 유일한 방식이다.

아니 시인은 하얗고 투명한 깃털을 가진 비닐새다. 깃털을 비닐처럼 휘날리며 전선에 앉아 있는 비닐새. 전선은 속에 불을 가지고 타오르는 나뭇가지다. 새가 앉아 있는 나뭇가지. 전깃줄에 환한 상처와 같은 비닐이 휘날린다. 바람 속에서 온몸을 휘며 운다. 몸속의 불이 더욱 급하게 흐른다. 어둠 속에서 가는비가 내린다.

시인은 이 어두운 저녁에 전깃줄에 휘감겨 있는 것이다. 제 속에 수천 볼트 전기가 흐르는 소리와 전선이 몸을 휘며 우는 울음 소리를 듣는 것이다. 새가 깃털을 파닥거리며 울자 상처는 환하게 꽃을 피운다.

이경림의 시는 사시나무 떨듯 떨며 전선을 부여잡고 있는 사랑의 안간힘을 보여준다. 시인은 이 저주스러운 운명을, 몸의 길을 통해 보여준다. 바람은 비닐의 몸을 찢는다. 그의 몸을 강렬하게 휘저어놓는다. 해서 안과 밖의 구분도 없고 속과 겉도 없는 사랑의 육체는 몸의 결을 만들어간다. 그것은 오랜 시간의 관습이 그에게 만들어주는 '몸의 지도'다. 그것은 사랑의 사유와 고통이 육체를 지나가면서 새겨주는 문신 같은 것이다.

사랑은 세상에서 우리에게 몇 번의 생을 살게 한다. 과거 사랑했던 사람의 생은 내 생의 한 부분에 들어와 있다. 숨결과 언어와 냄새는 내 삶의 한 부분에 접혀 있는 주름처럼 결을 이루고 있다. 그러나 사랑하고 결별하였다고 하여 그/그녀가 완벽하게 떠나간 것은 아니다. 그/그녀와 함께 한 한때의 생이 여전히 내 생을 이루고 있다. 그 삶의 결을 몸에 지닌 채 살아가고 있으니 나는 그/그녀와 함께 나의 생을 살고 있는 것이다. 세상에서 우리는 때로 몇 번의 스침을 하게 된다. 또 몇 번의 사랑을 하게 될지도 모른다. 미숙한 첫사랑의 좌절감에서 시작하여 몇 번의 사랑 흔적들을 가질지도 모른다. 그 사랑의 흔적들은 결국 내 생에서 몇 번의 생을 살게 하는 표적들인 셈이다.

사랑이 남겨둔 신체의 표적들, 육체의 지도는 그리하여 기억 속에서 접혔다 펴졌다 한다. 다시 지워졌다 새겨졌다 하면서 우리의 전 생애(生涯)를 살게 된다. 이것이 사랑의 역사다. 사랑의 저 위대한 유산이다.

잃어버린 기억을 찾아서

김선우

1970년 강원도 강릉에서 태어났다. 1996년 『창작과비평』 겨울호에 시 「대관령 옛길」 외 10편을 발표하면서 작품 활동을 시작했다. 시집으로 『내 혀가 입 속에 갇혀 있길 거부한다면』 『도화 아래 잠들다』가 있다. 현재 '시힘' 동인으로 활동 중이다.

무 숭숭 썰어 고등어찌개를 끓이고 물김치 한 보시기 가득 떠놓으니 된장에 박은 장다리 생각 고향 뜨락을 넘어간다 여문 햇살에 옹기들의 쌔근거리는 낮잠 "저것들도 숨쉬고 있어야!" 만삭의 기억을 쓸어안으며 환갑의 어머니 들창을 여신다

　아홉 자식의 어머니는 연중 아홉 달 사리돈을 씹는다 형상기억합금 소재의 브래지어를 빨다가 나도 문득 아랫도리가 아팠던 적이 있다 비틀어 짜 말려도 원상태로 돌아오는 둥근 가슴에 대한 기억…… 유산의 겨울 이후 파드득, 나의 그곳을 헤치며 날아가는 새는 어디에 머물다 해마다 다시 깃들여 오는 걸까

어머니의 앞섶에 꽂혀 있는 돗바늘, 이제 그 바늘 좀 뽑아버리라고, 짜증을 내다 고등어 살을 뜯어 숟가락에 얹어드린다 "거꾸로 들어 두 시간이나 길을 찾더구나 네 길이 내 몸속엔 없는 줄 알았다" 둥글고 따뜻하던 양수의 기억, 나는 좀더 머물고 싶었는지 모른다

  "널 갖고 복숭아가 미치게 먹고 싶었어야" 복숭아를 깎아 무른 쪽을 집어드린다 달칵거리는 틀니 "저물었어야, 장독을 덮어야지 저녁 진지 드실 시간이구마" 팔 년 전 돌아가신 조부님 진지 드리러 어머니 황망히 문간을 나선다 대관령 고갯길에 나부끼는 옷섶, 복숭아 열매가 둥글게 자라는 건 열매가 갖고 있는 기억 때문이다 ─「둥근 기억들의 저녁」[1] 전문

김선우의 시는 '여성 족보'라는, 잊혀진 족보에 대한 새 발견이라 할 만하다. 여성 족보에 대한 기억술이라 할 만하다. 가부장의 힘에 의해 망각되고 종속된 족보에 대한 발견이다. 한 족보가 다른 족보를 변질시킴으로써 합법화한 몰인식과 망각에 대(對)한 기억이다.

문화적 질서라는 오이디푸스의 구조는 부자간의 혈통 안에서 구성된 것이다. 모계 관계를 전혀 고려하지 않은 것이

---

1) 김선우, 『내 혀가 입속에 갇혀 있길 거부한다면』, 창작과비평사, 2000.

다. 부계 혈통의 관계 속에서 모녀 관계는 부계 관계로 이식되거나 전이된다.

자아가 세계를 향하여 나아가는 모든 주체화의 과정은 궁극적으로 아버지 세계로 나아감이다. 아버지 세계와의 끝없는 갈등 구조와 상응한다.

여아든 남아든 이러한 오이디푸스의 구조 속에서 자아의 개별화를 맞는다. 주체화의 과정을 맞이한다. 예수를 안고 있는 마리아의 모습마저도 모자 관계로 설정된다. 동정녀의 어머니와 그 아들이 구원의 모델로 전제된다. 진리의 제시로 후광을 입는다. 이때 어머니와 딸이라는 모계 족보는 우리의 의식 속에서 사라진다.

김선우의 시 「둥근 기억들의 저녁」은 잊혀진 모계 족보에 대한 기억을 복원한다. 시집간 딸은 저녁상을 차려 먹으려 한다. 문득 고향집 어머니 생각을 한다. 무의 둥근 단면을 들여다보며 고향집을 생각한다. 물김치 한 보시기 가득 떠놓다가 고향집 기억이 떠오른다. 기억들은 "무" "옹기들" "만삭의 배"와 같은 둥근 이미지들이다.

이 시에서 둥근 이미지들은 왕성한 숲을 이루고 있다. "브래지어" "둥근 가슴" "장독" "복숭아" 그리고 "사리돈" 알약. 기억들은 모두 둥근 원환의 알들 속에서 부화한다.

여기서 시적 화자가 떠올리는 일상의 단편들은 단절된 파편의 기억들이 아니다. 연결되고 반복되는 일상이다. 이를테면 시집간 딸이 저녁을 짓고 있는 일상은 언제나 되풀이되는 어머니의 일상과 연결된다. 경험은 '반복'의 의미를 내포한다. 어머니 앞섶의 돗바늘도 언제나 꽂혀 있다. 이에 대한 딸의 "짜증"도 늘 하던 대로다. 식사 후에 과일(복숭아)을 깎아 먹으며 오가는 이야기들, 저녁때마다 장독을 덮는 일들, 장독대에 조상신에게 예를 올리는 일, 매일처럼 반복되는 일상이다. 아홉 자식을 낳은 어머니가 연중 아홉 달 사리돈을 씹으며 두통을 참는다. 딸은 유산을 하고 아랫도리가 아프다. 어머니와 딸의 경험은 대응을 이루며 일치한다. 일상과 경험의 반복, 세대에 걸쳐 반복되는 체험의 연속선상에서 어머니와 딸은 만난다. 한 생애는 다시 반복된다. 경험은 되풀이된다. 순환은 우주의 원환성을 환기시킨다.

기억도 현재로 이어지는 둥근 기억이다. 과거는 현재로 와서 만난다. 재체험되는 과거다. 시에서 시간은 현재와 과거의 꼭짓점이 서로 맞닿아 있는 원환 속의 태아 이미지다. 과거와 마찬가지로 현재 속에서 어머니는 딸을 다시 낳는다. 딸은 어머니에게 복숭아를 먹이며 어머니를 자신의 뱃속에서 낳는다. 「내력」이란 시에서 "어머니의 비알밭은 어린 여자아이의/밋밋하고 앳된 잠지"를 닮아 있다. 예순여섯의 어머니는 소변을 받아드리는 갓난아이와 같은 여인이다. 김선우의 시에서 어머니는 스무 살처럼 몸에 물이 드는 정념의 여인(「어라연」)이 된다. 그러다 어린 여자아이의 잠지를 가진 여인(「내력」)이 된다. 그러다 깨끗하게 화장되어 찹쌀 석 되와 함께 뼛가루 날리는 죽은 여자(「엄마의 뼈와 찹쌀 석 되」)가 되기도 한다. 그러나 어머니의 모든 물질적 변이들은 질료를 고갈시키지 않는다. 모태의 순환성 속에서 같은 질료적 등가를 가진다. 죽은 어머니의 뼛가루는 찹쌀 석 되와 함께 섞여 골고루 대지 위에 뿌려진다. 날짐승과 들짐승의 먹이가 되고 열매 맺는 것들의 거름이 된다. 어머니의 뼛가루는 단순한 신체 분해를 의미하는 것이 아니다. 파멸되지 않는 대지의 순환성을 드러내고 있는 것이다.

부권제 질서는 저 너머의 내세에 기반을 둔다. 부권계는 다음의 세계를 위해 현세에서 끝없이 진보해가야 할 것을 명령한다. 진보에 대한 지불 대가(투쟁과 경쟁으로 인한 낙오감, 패배감)를 요구한다. 모계 전승은 대지와 우주에 대한 연속선상에서 '교환'을 전제한다. 모계는 여성으로서의 너와 나, 서로 낳고 서로 키우는 교환과 관계성의 메커니즘을 순회한다.

어머니는 어린 여자아이의 성기를 가진 여인이면서 스무 살의 여인이면서 죽음의 곰팡이 분가루가 날리는 여인이다. 어린아이, 젊은 처녀, 죽은 여자, 어머니는 대지의 생식과 생산을 몸으로 체현한다. 시듦과 죽음이라는 거대한 사이클 속에서 신진대사의 변이를 보여준다. 여성의 몸은 삶과 죽음이라는 생체 교환을 조정하는 체제로 구성된다. 죽음과 삶을 한꺼번에 품고 있다. 어린것과 늙음을 평화롭게 아우르는 공존의 유기체인 것이다.

신체 예술에서 여성 신체는 흔히 제물화된다. 김선우 시에서는 여성 신체가 제물이 되는 것에 저항한다. 여성 신체를 관음증과 상투적 은유의 대상으로 취급하는 데서 벗어난다. 기존의 허구의 틀에서 여성 신체를 구해낸다. 예순여섯의 어머니 성기에 대한 묘사(「내력」), 연못에서 목욕하고 있는 어머니의 붉고 상기된 몸의 묘사(「어라연」). 어머니의 신체는 이제 생산과 출산의 기호가 아니다. 남근적 시학에 대항하는 전략이다. 이것은 어머니 대 성적인 여성이라는 엄격한 남성 이분법을 거스른다.

어머니는 딸을 낳을 때 복숭아를 먹었다. 어머니는 딸이 깎아주는 복숭아를 먹으며 다시 딸을 낳는다. 딸은 어머니에게 복숭아를 먹인다. 어머니를 자기 품의 아기처럼 다시 키우고 있다. "널 갖고 복숭아가 미치게 먹고 싶었어야." '싶었어야'의 사투리는 동무 사이에 "야, 야" 할 때 친근감을 환기시킨다. 어머니와 딸은 서로 낳고 서로 키우는 교환의 통풍창이다.

남근 중심적 관점에서 볼 때, 여근은 질로 들어가는 출입구로서만 의미를 갖는다. 그것은 남근에 의해 관통되기 전까지는 불완전한 것으로 생각된다. 그러나 뤼스 이리가라이[2]

---

2) K.K. 루스벤, 김경수 옮김, 『페미니스트 문학비평』, 문예비평신서, p. 128.

는 설명한다. 여근은 그것이 "서로 항상 붙어 있는 두 입술"이며 그 자체로 이미 완전한 것이라고 말한다. 그것은 모든 여성이 그녀 스스로, 그리고 그녀 안에서 그녀와 접촉하고 있다는 것을 보증한다. 입술은 항상 두 겹으로 만들어진다. 여성의 성은 하나가 아닌 복수성을 가지는 것이다.

여성 성의 '복수성'은 김선우의 시에서 어머니와 딸의 공유성으로 나타난다. 어머니와 딸은 서로 맞닿아 있는 '복수적인 교호' 속에 놓여 있다. 어머니가 "만삭의 기억"을 쓸어안는 장면은 딸이 자신의 아이를 가졌던 기억과 겹쳐진다. 어머니는 딸을 품고 있다. 딸은 다시 어머니가 될 어떤 아이를 품고 있다. 이들은 복수적 자아다. 몸은 중복되거나 중첩된다.

임신한 여인네의 '복수성'은 태아와 산모의 관계로 이야기할 수 있다. 자기 안의 타자의 모습으로 이야기할 수 있다. 임신이야말로 가장 자연스러운 복수(複數)의 산출이다. 한 사람이 다른 사람의 몸으로 기관을 이식한다. 어머니 안에 있는 태아는 자신의 몸 안에 있다는 점에서 어머니 자신이다. 동시에 스스로 생명을 지닌 타자이다. 어머니와 태아는 이 이중의 공유 관계에 놓여 있다. 어머니가 태아에게 이야기하는 말건넴은 자신에게 하는 말인가, 태아에게 하는 말인가. 그 말은 자신도 듣고 태아도 듣는 말이다. 모체는 자기 안의 타자 즉 태아를 받아들임으로써 복수형의 그녀가 된다.

아홉 자식을 낳은 어머니는 아홉 번이나 자기 분재를 경험한다. 경험을 태아와 공유한다. 어머니는 또 다른 어머니를 잉태한다. 딸은 또 다른 딸을 만들어간다. 자기의 몸을 먹히게 하면서 자기를 다시 형성해간다. 태아의 물갈퀴 같던 손은 손가락 사이 피부가 사그라지면서 길쭉한 손가락 윤곽을 찾아간다. 손가락 사이사이 막을 잡아먹어야만 온전한 손가락이 생겨난다. 죽음은 생명을 잉태한다. 생명은 죽음을 담보하여 교환을 이루어간다.

여성은 아이를 하나 낳을 때마다 "서 말 피"를 흘린다. 이것이 여자의 운명이다. 이렇게 자신의 몸을 먹히면서 자신의 몸을 분할해나간다. 신체 연장, 끝없는 전회의 과정이다. 임신한 여자가 아니고 어떻게 자신의 몸을 먹도록 내놓을 수 있는가. 기독교 성찬식에서 성체를 허락하는 예수는 자신의 몸을 먹도록 하는 유일한 남성이다.

사실 '남성에게 먹힌다'에서 '먹히다'라는 동사는 여성 육체를 지극히 육체적인 쾌락의 환치물로 여기게 한다. 이것에는 능멸의 비유가 함축되어 있다. 한편 '먹다' 동사에서 여성의 식욕은 전통적으로 성욕과 비례하는 것으로 여겨진다. 게걸스럽게 먹는 여성은 음탕한 여성의 상징처럼 치부되었다. '먹히는 여성'이든 '먹는 여성'이든 여성은 '먹다'라는 동사를 온전히 소유한 적이 없었다. 그러나

김선우 시에서 '먹다'는 새로운 국면을 맞는다. 임신한 여

성은 자신의 몸이 먹히도록 내어주기 위해 음식을 먹어야 한다(「둥근 기억들의 저녁」). 죽어서는 "찹쌀 석 되 곱게 빻아" 뼛가루 섞어 "들짐승 날짐승"(「엄마의 뼈와 찹쌀 석 되」)의 밥이 된다. 다시 그것은 오늘의 밥상 위에 "시금치 닭 고등어"(「숭고한 밥상」)처럼 올라오게 된다. "지금 먹고 있는 닭 한 마리"에 누대에 걸친 생명들이 깃들어 있다. "누이뻘인 닭"을 먹으며 화자는 "누이와 살을 섞"고 있다고 생각한다. 먹은 것들은 다시 파밭에 "모락모락 똥 한 무더기"로 남게 된다. 따뜻한 밥 한 그릇처럼 "따끈하고 몰랑한 그것"(「양변기 위에서」)으로 남게 된다.

김선우 시에서 이렇듯 '먹다'와 '먹히다'의 식욕 모티프는 '누다' '싸다'와 같은 배설의 상상력과 연결된다. 그것은 다시 '낳다' '아기를 가지다'라는 분만의 상상력으로 이어진다. 식욕과 배설과 생식의 연결은 몸에 난 길처럼 내부와 외부를 연결하는 어머니의 몸을 환기시킨다. 출산과 분비, 먹음과 먹힘의 과정은 세계와 존재가 어떻게 순환하는가를 알게 해준다. 외부에서 내부로, 내부에서 외부로 순환하고 있다는 사실.

여성은 세상으로 향하는 몸의 입구인 것이다. 출구인 것이다. 죽음과 생이 들락날락하는 통로인 것이다.

시에는 닫힘과 열림, 나감과 들어옴(돌아옴)의 반복이 그려져 있다. 닫혀 있던 기억의 들창을 연다. 장독 뚜껑을 열었다 닫는다. 닫힘과 열림, 나감과 들어오는 것 사이에 문이 있다.

어머니의 둥근 가슴을 감싼 앞섶에 V가 있다. V은 돗바늘로 추스른 앞섶이다. 어머니는 가슴을 곱게 닫아놓고 있다. V은 어머니 가슴의 문이다. 그러나 돗바늘을 뽑으면 언제나 어머니의 가슴은 열린다. 시에서 둥글게 닫혀 있는 모든 것들은 열림의 가능성을 내포하고 있다.

거꾸로 들어 두 시간이나 길을 찾더구나 네 길이 내 몸속엔 없는 줄 알았다

어머니는 생명을 품은 자인 동시에 자신의 몸을 여는 자이다. 어머니는 죽음을 향해서도 열려 있다. 돌아가신 조부님 진지를 챙기기 위해 문간을 나서는 어머니의 뒷모습은 바리데기 같다. 마치 조상들이 떠나신 길을 순순히 뒤따라 나서는 바리데기. 삶과 죽음이라는 극단의 두 세계는 딸의 몸에서도 동시적으로 반복된다.

유산의 겨울 이후 파드득, 나의 그곳을 헤치며 날아가는 새는 어디에 머물다 해마다 다시 깃들여 오는 걸까.

어머니가 씹어대는 알약과 비틀어진 브래지어의 형상은 일그러진 원을 형상화한다. 일그러진 가슴이다. 채 부화되지 못하고 품을 떠나버린 새(태아)는 생명과 죽음의 이미지를

동시에 갖고 있다. 새는 떠나감으로써 사라지지만 또다시 해마다 "내"게로 깃들인다. 생명으로 반복된다.

이러한 회귀성은 둥근 가슴의 기억으로 처리된다. "비틀어짜 말려도 원상태로 돌아오는 둥근 가슴." 비틀어져도 다시 원형태로 돌아오는 브래지어의 원심 회귀의 기억이다. 태아는 죽었어도 모유의 기억은 남는다. 산모의 몸에는 태아의 흔적으로 짜내는 모유가 남아 있다. 기억은 '징후'인 것이다.

원심 회귀하는 가슴의 기억은 억압된 것이 다시 돌아와 복원되는 회복의 역사다. 여자는 태아를, 태아는 여자를 기억한다. 하여 기억들이 겹쳐진다. 시의 제목 「둥근 기억들의 저녁」에서 '기억들'이라는 복수형은 둥근 것들이 회귀하고 겹쳐짐을 의미한다. 포개어지고 반복되는 것을 의미한다. "새"는 나의 가슴속으로 반복해서 회귀한다. 여성으로서의 "나"의 몸은 새가 돌아오고 떠나기를 되풀이하는 둥지요 영원한 고치다.

그리하여 기억은 '몸의 기억'으로 남는다. 의식의 저 너머에서는 잊혀진 것이지만 몸으로 기억되며 반응한다. 몸에 남은 상흔은 관습적 시간의 축적을 지나오면서도 몸에 길을 낸다. 몸에 쌓인다.

   복숭아 열매가 둥글게 자라는 건 열매가 갖고 있는 기억 때문이다 기억은 몸에 각인되고 축적된 기억들이다. 딸을 해산하던 때의 기억, 입덧할 때 복숭아가 먹고 싶었다는 어머니의 기억. 또한 "나"는 어머니 몸에서 나왔던 것을 몸으로 기억한다. "둥글고 따뜻하던 양수의 기억"이 있다. 어머니가 만들어주신 음식에 대한 기억이 있다. 기억들은 화석처럼 몸에 낙인찍혀 몸의 세포 하나하나에 이식되어 있다. 시는 몸의 기억을 통해 딸도 어머니처럼 또 다른 둥근 존재를 잉태하는 어머니가 될 것임을 암시한다. 봉숭아의 DNA에 프로그래밍되어 있는 둥근 형태처럼 내 속에는 어머니의 형질이 있다. 그것은 끊임없이 어머니에게 회귀하도록 한다. 기억은 원심력으로의 회귀를 촉구한다.

근대 문명은 인간의 야만적 폭력성을 다스리며 지배하려 했다. 이성과 합리의 목적성은 인간 욕망을 억압했다. 파시즘적 권력을 행사해왔다. 남성적 질서는 대지와 물질적 우주에 대한 존중을 말살했다. 현실을 절단하고 변형해왔다. 그런 상황 속에서 인간 근원으로의 회귀 욕망은 모성으로 향한다. 모태의 기억은 밝혀질 수 없는 근원에 대한 미결 감정이다. 어머니와 태아 때의 완전한 결합, 단절 이전의 합일 체험, 기억 이전의 무의식이다.

예술적 지향은 모두 여성적인 것으로의 복귀 욕망을 의미한다. 인간적 감정의 충일을 드러낸다. 시 장르가 모성성을 지향하는 집단 무의식을 가지는 것은 당연하다. 김소월까지 거슬러 올라가지 않더라도 시는 생명의 본원에 대한 지향을 드러낸다. 시는 원죄와 문명 세계 속에서의 상처와 균열을 치유하고자 한다. 그러나

한국 근대 시문학의 전통에서 모성성 추구, 아니마의 시적 지향은 지나치게 단순화된 여성상을 재현한다. 그것은 영원한 이상향으로서의 어머니, 신성화된 여성 이미지라는 가부장제 이데올로기를 재답습한다. 근대 한국 문학에서 나타난 모성 내지 고향에 대한 추구는 역설적이게도 역사 현실 속에서 있었던 여성을 거세한 관념 속의 모성이다. 이상화된 여성이다(소월, 만해, 정지용, 윤동주 등에서 임과 누이, 어머니들, 그리고 최근에 이르기까지).

우리 시대 여성시는 새로운 국면을 맞는다. 김선우 시는 어머니의 몸을 여성 몸에 대한 또 하나의 타자로 받아들인다. 김선우 시는 망각의 역사 속에서 찢기고 유실된 텍스트의 상처를 치유하고자 한다. 여성 신체의 전사(轉寫)다. 무엇보다 몸에 내장된 여성 기억을 찾는다. '텅 비어 있는 페이지'로서의 여성 역사와 여성 족보를 기술한다. 김선우는 '여성 족보 사가'다. 김선우 시는 잃어버린 기억을 찾아가는 여성 계보학이다. 망각되었던 여성의 내력과 여성의 약사(略史)라 할 만하다.

영원과 순간을 잇는 부싯돌

1959년 대구에서 태어났다. 1984년 『현대문학』을 통해 등단했으며 시집으로 『물 속의 아틀라스』 『물보다 낮은 집』 『적멸의 즐거움』 『불멸의 샘이 여기 있다』가 있다.

그는 슬픔이 많은 내게
나무 속에 방 한 칸 지어주겠다 말했네

가을 물색 붉고운 오동나무 속에
아무도 모르게
방 한 칸 들이어 같이 살자 말했었네

연푸른 종소리 울리는 초사흘 달빛
마침내 합환 송화주 한 잔
단숨에 남김없이 들이켜겠네
내 안의 소쩍새 울음 젖은 봄산을 뒤흔들겠네

유리창떠들썩팔랑나비 날아가고

숲속떠들썩팔랑나비 날아오고

보랏빛 수수꽃다리 꽃 진 새로
홀연 두 사라진 몸이
오동꽃 연분홍 좁으로 천지에 가득하겠네
—「나무 속의 방」[1] 전문

가을이 끝나갈 무렵 바다에서 잡은 꽃게를 수족관에 넣어놓곤 한다. 그러나 수족관에 살아 있는 꽃게는 살이 별로 없다. 수족관에 갇힌 꽃게는 살아 있는 만큼 제 살을 스스로 갉아먹는다. 그러므로

삶이란 스스로의 살을 갉아먹는 것. 자신의 죽음이 곧 자기 삶의 알리바이인 것이다. 나는 이미 죽어버린 꽃게의 살을 발라 먹으며 생각한다.

삶이란 지독한 아이러니의 비밀을 간직하고 있다고. 생은 불꽃과 같은 것이라고. 불은 스스로를 태움으로써 살아 있고 또 죽어간다. 죽어감으로써 살아 있다. 지상의 모든 것을 태워버림으로써 비로소 스스로 살아나는 이 깊은 아이러니. 촛

---

[1] 김명리, 『불멸의 샘이 여기 있다』, 문학과지성사, 2002.

불은 타오를수록 더 단단한 어둠을 증명할 뿐이다. 자기 소멸만이 자기 생의 확인이다. 삶이란 파괴적인 것이다.

파괴되는 것으로 비로소 살아가는 것임을 김명리 시는 보여준다. 자기 소진을 통해 자기 존재를 연명하는 역설의 변증법을 나는 김명리의 시에서 본다. 김명리의 시에서 느끼는 거대한 전율은 때로 나를 불태운다. 때로 나를 차갑게 한다. 김명리의 시가 극렬한 신경증이 되는 것도 생의 불꽃이 갖는 비통한 콤플렉스와 관련 있다. 생이 더욱 냉철하게 실현되기 위해서 끝없이 격렬해질 필요가 있는 것이다. 김명리의 시는 원초적인 생명의 화농을 향한다. 생명의 섬뜩한 극점을 향해 치닫고 있다. 그것이 내가 살아 있다는 것을 느끼게 하는 어떤 지대다.

살아 있다는 것은 내가 뜨겁다는 것을 인정하는 것이다. 내 안에 피의 불꽃이 흐른다. 내 안에는 이미 이 생생한 불이 체류하고 있다. 알코올이 불러일으키는 따뜻하고 격렬한 몽상은 불이 주는 꿈이 아니고 무엇인가. 나는 모든 것을 태우고 파괴할 듯 휘두르는 불꽃의 혀를 생각한다. 혈액과 알코올과 감기 때의 발열. 모든 것이 변화되기를 원할 때 우리는 우리의 생 안으로 불을 불러온다.

이를테면 김명리의 시에서 꽃이나 봄이 시적 대상이 되고 있는 것은 불을 불러오는 행위다.

백의종군하듯 꽃망울 터뜨린 저 나무들,
흩뿌린 혈흔이듯 청천에 스미는 저 꽃잎들,
천길 벼룻길 물소리로 마주 오던 봄이
백발 성성한 늙은 마음의
말라붙은 젖꼭지를 덥석 깨물었지요
보세요, 피가 철철 흐르는 봄이지요
—「天水沓·봄」부분

김명리의 시에는 붉은 혈흔이 점점이 흩뿌려진다. 붉은 꽃들이 관능적으로 피어난다. 꽃망울을 터뜨리는 나무의 생명 운동은 솟아나는 어떤 생명의 운동성이다. 일제히 일어나는 봄의 생명성을 시인은 "백발 성성한 늙은 마음의/말라붙은 젖꼭지를 덥석 깨물"듯이라고 말한다. 사실 생명이라는 것은 숨겨져 있는 것이다. 감춰져 있다. 이 깊숙한 숨겨진 의도가 소리 없이 축제를 일으킨다. 그 모습이 봄날의 꽃 피는 장면이다. 그것은 격정의 한순간이다. 전율하는 힘이다. 감미로운 관능이다.

"말라붙은 젖꼭지를 덥석 깨물"고 "피가 철철 흐"르는 관능적 사도마조히즘적 정념. 이것은 생명의 두 가지 운동성을 설명해준다. 즉 생명은 죽음의 석관 옆 틈새에서 피어나는 꽃처럼, 부패한 고양이의 시체에서 살아가는 구더기의 꿈틀거림처럼 두 가지의 방향성 속에서 진행된다는 것. 생명이

번지는 꽃 피는 봄날은 피를 철철 흘리는 혈흔의 상처이자 생이 시작되는 자리다. 생명은 신생처럼 솟아 올라오는 힘이면서 제 살 찢고 뚫고 올라오는 상처의 자리라는 것이다. 이 모순된 관능의 자리가 상승하는 생명의 지점이자 이중적 힘의 공간이다. 아니 화들짝 터뜨리는 꽃망울이야말로 생명적이고 파괴적인 우주 피의 난장이다.

김명리 시에서 생명의 붉은 몽상은 자주 드러난다. 이를테면 붉디붉은 산노을을 보며 "사산(死産)한 내 아이들의" "차디찬 이름"(「산노을」)을 떠올린다. 복사꽃 그늘 아래에서 마음 사무치게 "몇 점의 붉은 핏방울"(「복사꽃 花煎」) 같은 복사꽃을 생각한다. 꽃은 환장할 것 같은 생의 의지이자 그 생이 끝나는 지점을 향하는 파괴의 극점이다.

김명리의 시 「나무 속의 방」은 이러한 꽃의 일대기인지 모른다. "그"는 "나"에게 나무 속에 방 한 칸 지어 같이 살자고 말한다. 붉고운 오동나무 속에 아무도 모르게 지은 방 한 칸을 짓는다. 그곳은 "그"와 "슬픔이 많은 내"가 함께 살고자 하는 정념의 공간이다. 사랑은 비밀스러운 것이다. 정념은 은밀한 것이다. 그들은 아무도 모르게 나무 속에 방 한 칸을 들인다. 그들만의 축제를 벌인다. "연푸른 종소리 울리는 초사흘 달빛" 속에서 "마침내 합환 송화주 한 잔"을 들이켜자 "떠들썩파랑나비"가 날아가고 날아온다. 나무 속 방 한 칸은 꽃이 솟아나며 퍼덕이는 붉은 생명의 공간이다. 우주의 중심에서 피를 불러온다. '그'와 '나'는 송화주를 마신다. 젖은 봄 산을 뒤흔든다. 떠들썩하게 나비떼를 불러온다. 우주의 생명은 꽃의 만개로 승격된다. 생명은 억누를 수 없는 힘의 충동으로 세계와 교접을 시도한다. 생명과 존재는 극단적인 확산을 시도한다. 드디어 필멸의 자리를 예고한다.

   보랏빛 수수꽃다리 꽃 진 새로
   홀연 두 사라진 몸이
   오동꽃 연분홍 香으로 천지에 가득하겠네

솟아오르는 생명의 신호는 원초적 자연의 생리를 따른다. 만개한 꽃은 지고 만다. 홀연히 사라진 몸은 "오동꽃 연분홍 향(香)"으로 가득하다. 퍼덕거리며 생명의 공간을 질주하던 꽃은 "연분홍 향"으로 천지를 진동한다. 향은 부재하는 존재의 흔적이라고 했던가. 향기는 존재의 부재와 현존 그 간극 안에 놓여 있다. 그것은 투명하게 움직이면서 공기의 파장을 일으킨다.

우리는 향기를 통해서 비로소 알게 된다. 보이지 않게 우리의 존재를 붙들고 있는 것이 무엇인지를. 그것은 부재하면서 존재하는 어떤 것이다. 사라졌지만 여전히 남아 있는 정서의 덩어리다. 사라진 존재에 대한 그리움의 물질적 질료가 냄새라 할 수 있다. 향기는 공기를 떠돌며 떠다니다 우리의 살 속으로 들어온다. 폐 속으로 들어가 우리의 혈액과 함께 체내를 돈다. 사라진 실재는 향내가 되어 우리의 체액과 섞임으로써 비로소 우리와 하나가 된다.

꽃은 철저하게 신체를 소멸함으로써 향기가 되어 천지로 번져간다. 「나무 속의 방」은 식물의 눈뜸, 존재의 발아와 생명의 개화, 피어나는 우주 생명의 움직임을 보여준다. 꽃이 개화되자 세계가 개화된다. 꽃이 장렬하게 죽자 세계는 죽음으로 다시 꽃핀다(번져가는 향내). 이 시는 피는 꽃의 짧고도 격렬한 역사를 노래하는 시다. 그러나

이 시는 사랑의 에로스와 타나토스의 시로도 보인다. "슬픔 많은 나"와 "그"가 만나 합방을 한다. 송화주 한 잔 들이켠다. 봄산을 뒤흔든다. 생이 충만되는 순간이다. 동시에 그 모든 것이 순식간에 사라져버리는 소멸의 순간이기도 하다. 우리의 존재와 사랑이 끊임없이 소멸하고 있다는 것을 알게 되는 순간 우리는 이 덧없는 생의 운명 속에 놓여 있다는 것을 인정해야 한다. 꽃에 대한 시가 슬픈 것은 우리 모두가 이러한 시간의 존재라는 것을 알게 되기 때문이다. 의식하고 인식하는 존재의 각 행위 안에 시간이 불가피하게 배어 있음을 알게 되기 때문이다. 그럼에도

시인들이 꽃을 노래하는 것은 이유가 있다. 꽃이야말로 소멸의 극점, 죽어야 할 운명에도 불구하고 진정으로 자신의 신성을 드러내는 한순간을 제공하기 때문이다. 한 개체의 인

격적 불멸성에 대한 인식을 우리에게 던져주고 있다. 즉 우리는 소멸해가는 시간 속에 놓여 있지만 그럼에도 불구하고 시간의 도움을 받아야만 완성에 이를 수 있다. 시간을 통과하고 시간에 이끌려가면서 비로소 영속적인 지속의 순간을 맞게 된다는 사실이다. 「나무 속의 방」에서 홀연히 사라진 두 몸은 향내가 되어 온 천지로 번져간다. 끝없는 존재의 진동은 시간의 소멸 속에서 사라지면서 동시에 시간의 영속적 지속과 충만으로 들어간다. 시인은 그 순간을 포착한다.

향내는 마치 영혼처럼 스며든다. 그것은 질료성을 초월하는 무언가를 부여한다. 그것은 본질에 가 닿게 하는 영원의 영속 혹은 예지, 예감과 상관한다. 신성은 대개 신이한 향내로 자주 현존을 드러내곤 한다. 「나무 속의 방」에서 수수꽃다리가 진 사이로, 육체의 소멸이 일어난 사이로 존재가 탈각한다. 본질적 현존이 향내가 되어 파문처럼 번진다. 그것은 대지의 시간이 전복되는 순간이다.

생의 극치를 꽃의 개화와 낙화의 순간에서 찾으려 하는 시적 시도는 이미 익숙하다. 그 극치에서 전율하는 힘을 일구어내려는 시적 창출은 사실 오랜 시적 관습이 되어왔다. 그럼에도 김명리 시는 어떤 독특한 특장을 지닌다. 김명리의 시는 설명할 수 없는 어떤 귀기의 삶을 초대하기 때문이다.

　　생각나면 들러서 誠心을 다하여 목청껏 진설하는

물소리 바람소리 새소리
　　저 소리의 고요한 일가친척들

　　세상에 남루만큼 따뜻한 이웃 다시없어라
　　몰골이 말이 아닌 두 塔身이
　　낮이나 밤이나 대종천 물소리에 귀를 씻는데

　　텅 빈 불상좌대 위,
　　저 가득가득 옮겨앉는
　　햇빛부처, 바람부처, 빗물부처　　—「적멸의 즐거움」부분

　모든 소리들이 세상을 유랑하고 돌아와 자진하는 곳이다. 물소리, 바람소리, 새소리, 소리들이 모여 고요를 일구어내는 적멸의 순간이다. 모든 번뇌가 멸하는 순간이야말로 영혼의 탈각이 이루어지는 순간이다. 몰골이 말이 아닌 탑신(塔身)이 물소리에 귀를 씻는 맑은 청음의 순간이다. 아주 짧은 의식의 순간 적멸의 순간에 닿게 된다. 극히 짧은 시간 속에서 자아와 실재가 사라진다. 그리하여 "텅 빈 불상좌대 위"에 가득가득 "햇빛부처, 바람부처, 빗물부처"가 옮겨앉는다. 김명리의 시는 어느 순간 사물의 질료적 세계를 훌쩍 뛰어넘는다. 어떤 영적인 삶으로 귀의한다.
　이를테면 죽은 단풍나무 가지 끝에 잠자리 두 마리가 죽은

듯 앉아 있다 날아오르는 '사이'다. 그 순간 가지 끝과 잠자리의 맞닿은 지점에서 아주 투명한 끈이 밀치고 당기고 있다(「아주 투명한 끈」). 시인은 그 아주 투명한 끈을 바라본다. 시인의 시선은 생과 죽음, 이쪽과 저쪽 경계를 잇는 술사의 눈길이다. 또 시인은 애반딧불이의 암수가 맞붙었다 떨어지는 순간이라고 말한다. 천(千)의 불길이 자지러드는 그 순간을 시인은 '마음'이라고 부른다(「마음이 머무르는 곳」). 마음을 느끼는 그 순간이 내가 나의 삶으로 존재한다고 느끼는 순간이다. 그것은 눈 깜짝할 사이이다. 시인은 이 섬광과 같은 순간에 모든 무한성을 부여한다. 온전히 존재의 총체성이 드러나는 순간이다. 마음이 실체에 맞닿으며 나타나는 순간. 시인은 그 순간을 소유하려 한다. 향유하려 한다. 그것은 어쩌면 영원한 현재인지도 모른다.

김명리의 시는 어디로 가고 있는가. 모든 것이 멸하여 가려는 순간, 그녀의 시는 스스로의 소멸을 향하여 나아가고 있다. 모든 세계가 사라지고 적막함이 가득한 적멸의 세계, 시인은 문학의 본질인 소멸을 향하여 가고 있다(블랑쇼처럼). 시야말로 언어로써 언어를 파기하고 언어를 통해 언어 너머의 세계를 소유하려는 저 역설의 접지가 아니고 무엇인가. 나무 속에 방을 지어주고 다시 그 방을 허문다. 탈각의 과정이다. 시인의 강렬한 삶의 욕망은 존재의 극치에 가 닿으려 한다. 결국 존재의 극점에서 존재가 사라지는 것으로 적멸의 순간을 만끽한다. 그러나 꽃은 사라져도 그것은 다시 "오동꽃 연분홍 향"으로 번져간다. 천지로 퍼져가는 '불멸의 삶'을 누렸으니 적멸의 세계는 역설적이게도 어떤 것도 멸하지 않는 불멸의 세계를 만들어낸 것이다.

하여 시인이 마음이라 부르는 어떤 곳, 애반딧불이 암수가 맞붙었다 떨어지는 그 순간이 마음이라면 시인은 순간이라는 돌을 몸 비벼 영속의 불꽃을 일구어내려는 저 부싯돌쟁이와 무엇이 다른가. 김명리는 순간이라는 부싯돌을 마찰시킨다. 불과 사랑을 낳으려는 마찰의 '주술사'다. 시인은 내적인 불을 그의 혈맥 속에 가지고 있다. 순간을 불붙여 영원을 불러오려는 정념의 여인이다.

조율과 포복

나희덕

1966년 충남 논산에서 태어나 연세대 국문과 및 동대학원을 졸업했다. 중앙일보 신춘문예에 시가 당선되어 작품 활동을 시작했다. 시집으로 『뿌리에게』 『그 말이 잎을 물들였다』 『그곳이 멀지 않다』 『어두워진다는 것』 등이 있다. 김수영문학상, 김달진문학상, 현대문학상 등을 수상했다. 현재 조선대 문예창작과 교수로 재직 중이며 '시힘' 동인으로도 활동 중이다.

밤구름이 잘 익은 달을 낳고
달이 다시 구름 속으로 숨어버린 후
숲에서는…… 툭…… 탁…… 타닥……
상수리나무가 이따금 무슨 생각이라도 난 듯
제 열매를 던지고 있다
열매가 저절로 터지기 위해
나무는 얼마나 입술을 둥글게 오므렸을까
검은 숲에서 이따금 들려오는 말소리,
나는 그제야 알게도 된다
열매는 번식을 위해서만이 아니라
나무가 말을 하고 싶은 때를 위해 지어졌다는 것을
……타다닥…… 따악…… 톡…… 타르르……

무언가 짧게 타는 소리 같기도 하고
웃음 소리 같기도 하고 박수 소리 같기도 한
그 소리들은 무슨 냄새처럼 나를 숲으로 불러들인다
그러나 어둠으로 꽉 찬 가을숲에서
밤새 제 열매를 던지고 있는 그의 얼굴을
끝내 보지 않아도 좋으리
그가 던진 둥근 말 몇 개가
걸어가던 내 복숭아뼈쯤에…… 탁…… 굴러와 박혔으니
　　　　　　　　　　　　—「저 숲에 누가 있다」[1] 전문

나희덕의 시는 일종의 '통어력'이다. 나희덕의 시는 현실에 대한 표면장력을 가장 정교하게 조직화한다. 이것은 나희덕의 시적 형식이 보여주는 절제된 구도와 단정함만을 의미하지 않는다. 나희덕의 시는 감정의 적절한 숨김과 내보임이 있다. 침묵과 소리의 넘나듦이 있다. 관조와 연민의 거리 조절이 있다. 고요와 관찰의 조화가 있다.

나희덕은 저녁이 올 무렵 가만히 "금이 간 갈비뼈를 혼자 쓰다듬"(「어두워진다는 것」)으며 누워 있는 부동성을 보여준다. 그러면서 깊은 산길 갓 태어난 듯한 다람쥐 새끼를 보며 "젖이 도는" 모성애를 느낀다. 자연물과 인간의 연대적 확

---

[1] 나희덕, 『어두워진다는 것』, 창작과비평사, 2001.

산(「어린것」)을 보여준다.

> 5시 44분의 방이
> 5시 45분의 방에게
> 누워 있는 나를 넘겨주는 것
> 슬픈 집 한 채를 들여다보듯
> 몸을 비추던 햇살이
> 불현듯 그 온기를 거두어가는 것
> 〔……〕
>
> 그토록 오래 서 있었던 뼈와 살
> 비로소 아프기 시작하고
> 가만, 가만, 가만히
> 금이 간 갈비뼈를 혼자 쓰다듬는 저녁
> ─「어두워진다는 것」 부분

 저녁이 올 무렵 "그토록 오래 서 있었던 뼈와 살"이 "비로소 아프기 시작"한다. 시인은 방 안에 누워 있다. "슬픈 집 한 채를 들여다보듯/몸을 비추던 햇살이/불현듯 그 온기를 거두어가는 것"(「어두워진다는 것」)을 본다. 나희덕의 이 시는 철저한 부복(俯伏)과 복종의 저녁을 맞고 있는 셈이다. 나희덕은 마치 제의를 행사하고 있는 제사장처럼 희생을 바친다. 자신의 몸을 세상의 시간에 던져주고 있다. 저녁이 오고 있다. 5시 44분의 방이 5시 45분의 방에게 누워 있는 자신을 넘겨주고 있다. 직접적 경험과 감각의 현물들은 새로운 이방화된 세계로 다시 체험된다. 그렇게 하여

세계와 접촉하던 감각이 멈추어진다. 기억이 멈추어진다. 어둠은 더 깊어지지 않는 순간적 정지가 일어난다. 이념적 의미의 총합이었던 세계가 개념화와 의식화를 멈춘다. 시든 손등이 "보이지 <u>않게 되</u>"고 기억은 "<u>멈추어 있</u>"다. "<u>아무도 쓰러진 나무를 거두어가지 않는</u>" 철저한 엄격함이다. 부동의 세계다. 어떤 불가해한 정신의 지대를 드러낸다.

오래 서 있는 뼈와 살이 눕게 되면 비로소 아픔을 느낀다. 가만히 갈비뼈를 쓰다듬는 저녁이다. 이것은 마치 구도를 향해 가는 수녀를 떠올리게 한다. 찬 마룻바닥에 엎드리고 누워 참회하는 한 장면. 고난의 시간을 건너온 후의 초연한 침묵과 그 형식의 절제다. 자신을 스스로 제물 삼아 희생으로 바치는 방식이다. 그 방식처럼 시인의 언어는 언어의 침묵을 희생 삼아 언어가 밝힐 수 없는 비의의 세계를 드러낸다.

정지의 순간, 감각과 감성이 정지하는 투명한 한순간을 보여준다. 고통을 안아들이면서 삶 속에 잠재한 막연한 억압감과 불안감을 삭인다. 반성과 위로의 시간이다. 완강한 침묵과 조용한 자기 위무의 과정들이다. 이것은 나희덕의 시를 고독과 침묵의 시로 보게 한다.

존재적 고독과 모성성, 이러한 특징들은 그녀의 시에 대하여 '한없이 포용적인 모성성'이라는 기존의 논의들과 대별된다.

 그러나 어떻게 보면 이 두 가지의 변별들은 서로 내통한다. 연결되는 수맥이라 할 수 있다. 시인은 세상의 모든 이해관계를 벗어난 채 무심한 지평 속에서 존재의 고독을 들여다본다. 그러면서도 세상의 어린것들에 대해 어미의 안쓰러움을 갖는다. 둘 다 같은 측은지심이다. 생을 긍정하고 고통마저 통어하며 쓰다듬는("금이 간 갈비뼈를 혼자 쓰다듬는") 체화의 과정이다. 나희덕의 시는 그야말로 삶에 대한 연민과 고독이다. 사랑과 평화를 희구하는 심미적 시라 할 수 있다. 하여 나희덕 시는 어리고 여린 작은 생명체(송사리떼, 다람쥐, 귀뚜라미)나 작은 것들(마른 꽃대, 지푸라기)에 대해 관심을 보인다. 고독감과 함께 존재에 대한 사랑을 동시에 느끼는 투명한 영혼이다. 나희덕의 시가 가지는 가녀린 균열마저도 모든 살아 있는 것들을 사랑하고 연민하는 성모의 사랑으로 통합된다. 시인의 시는 형이상학적 가치를 향해 가는 자의 긍정적 계기성으로 가득 차게 된다.

 나는 나희덕을 '수녀'라고 부르고 싶다. 정신적 초월에 대한 지향과 박애적 사랑은 수녀의 모습이다. 존재에 대한 끝없는 깨달음의 과정은 신을 향해 간구하는 수녀의 모습을 닮아 있다. 나희덕은 여러 겹으로 된 존재를 들여다보며 승화하고자 한다.

이런 연고로 나는 나희덕의 시가 거슬릴 때도 있다. 때로 깨달음을 보여주는 명제적 언술이나 관념적 구문이 거슬리기도 했다(『그 말이 잎을 물들였다』 중 「나 서른이 되면」 「살아 있어야 할 이유」). 그러나 그녀의 시는 세번째, 네번째 시집으로 오면서 차츰 정제되고 정돈되면서 시 언어의 엄밀한 경제성과 단아한 형식미를 뿜어내게 된다.

> 얼어붙은 호수는 <u>아무것도 비추지 않는다</u>
> 불빛도 산 그림자도 <u>잃어버렸다.</u>
> <u>제 단단함의 서슬만이 빛나고 있을 뿐</u>
> <u>아무것도 아무것도 품지 않는다</u>
> 헛되이 던진 돌멩이들,
> 새떼 대신 메아리만 쩡 쩡 날아오른다
>
> 네 이름을 부르는 일이 그러했다
> ─「천장호에서」 전문(밑줄은 인용자)

겨울의 호수는 어떤 수용도 허락하지 않는다. 단호한 거부로 가득 차 있다. 겨울 얼어붙은 "천장호"는 모든 것을 응결시켜버린다. 단단한 서슬만이 빛나고 있는 얼어붙은 호수는 자기 안으로만 웅크러드는 자기 고투를 보여준다. 시인에게

'너'와의 관계가 그러하다. 서로 조응하지 못하고 철저하게 외면하는 상황이다. 서슬 푸른 단단함으로 메아리만 쩡쩡 울리는 공허한 외침이다.

시인이 이 시에서 보여주는 것은 '단호한 생략'과 '엄격한 부정법'이다. '너'를 유추해보는 것은 마지막 행의 단 한 줄 한 행으로 처리되고 있다. 시인은 '너'의 존재를 강력한 암시로만 제시할 뿐이다. 다만 천장호의 완고한 단단함만을 제시함으로써 '너'에 대한 과감한 생략을 시도한다. 강력한 거부정신이다. "아무것도 비추지 않는다" "~만이 빛나고 있을 뿐" "아무것도 아무것도 품지 않는다" "~만 쩡 쩡 날아오른다." 시어법의 '생략'과 '부정어법의 반복적 중첩'을 보여준다.

제한어법과 부정어법은 세상에 대한 배타적 엄격함을 드러낸다. 세상에 대한 시인의 자기 응결을 보여준다. 시인은 감정적 절제를 극단화하는 초연과 침묵을 시적 형식으로 채택한다. 이것은 수녀의 엄격한 침묵의 시간(천주교에서 이루어지는)이나 세상에 대한 금욕적 단호함을 연상시킨다.

「저 숲에 누가 있다」는 세상의 근원점을 성찰적으로 조망하는 시다. 그 속에서 정신적 필연적 질서를 찾아가려는 지향점이 나타난다. 나희덕은 이 시에서도 보이지 않는 본질에 대한 탐구를 쉬지 않는다. 나희덕이 만나고자 하는 본질의 얼굴은 다시 "끝내 보지 않아도 좋"은 것이다. 시인은 부재하는 어떤 것을 희구한다. 어둠 속에 놓여 있으면서 사라지는 어떤 것을 희구한다. 이 시에서 그 어떤 것은 "누가"로 지칭된다. "누가"는 명명될 수 없는 누군가다. 부재하는 얼굴을 생각하며 시인은 숲을 걷는다.

시인은 밤 숲길을 걸으며 상수리나무가 이따금씩 제 열매를 던지고 있다고 표현한다. "툭······ 탁······ 타닥······" 어두운 검은 숲에서 들려오는 말소리다. 비로소 시인은 말한다. "나는 그제야 알게도 된다/열매는 번식을 위해서만이 아니라/나무가 말을 하고 싶은 때를 위해 지어졌다는 것을." 나희덕의 시는 시적 깨달음의 과정들을 기술한다. 시적 발견은 도의 깨달음 과정과 닮아 있다.

다시 시인은 피조물로 지어진 세상 만물이 내지르는 소리들을 듣는다. "무언가 짧게 타는 소리 같기도 하고/웃음 소리 같기도 하고 박수 소리 같기도 한" 소리. 소리는 무슨 냄새처럼 시인을 숲으로 불러들인다. 시인은 열매를 던지고 있는 "그의 얼굴"을 보지 않아도 좋다고 말한다. 그가 던진 말 몇 개가 시인의 복숭아뼈쯤에 와 굴러와 박히기 때문에.

시는 마치 어둠으로 가득 찬 가을숲의 신비한 정령과의 대화를 보는 듯하다. 숲은 열매가 터지고 떨어지는 소리로 그 고요를 전파한다. 고요 속에서 문득 "툭······ 탁······ 타닥······" 소리는 소통하기를 원하는 나무의 말소리 같기도 하다. 한편 보이지 않는 어떤 정신적 초극 지대와의 교감, 교접을 보여주고 있기도 하다. 어둠의 가을숲을 향해 걸어가는 시인의 모습은 감성적인 것에서 초감성적인 것으로 나아가는 운동의 과정이다. 마치 '초월'의 한 이행 과정을 밟는 것 같다. 어둠으로 꽉 찬 어떤 것도 보이지 않는 그곳이다. 어떤 소리만이 들려오는 그곳이다. 암시되는 비범속한 것에 대한 고양을 이 시는 보여준다.

나희덕 시는 분명 미지적인 것, 부재하면서 암시적인 것, 불가능한 것에 대한 희구를 진행시킨다. 그것이 나희덕 삶의 구도이며 시의 구도이다. 사물에 대한 깊은 깨달음에 가 닿으려는 과정이다.

시는 소리보다 침묵을, 보이는 어떤 것보다 보이지 않는 어떤 것으로 가득 차 있다. "툭…… 탁…… 타닥……" 소리는 한 번씩 일어나고 다시 침묵(말없음 표시)한다. 그리고 다시 '툭' 하고 한 번의 소리가 일어난다. 숲은 역설적이게도 고요를 전파하기 위해 말소리를 내는 것이다. 그들의 고요한 소리를, 알 수 없는 소리를. "누가" "무슨 생각이라도" "무언가 짧게 타는 소리" "무슨 냄새처럼" "그의 얼굴"에서 쓰이고 있는 관형사와 부사와 대명사는 의문사의 뜻을 담고 있다. 무엇을 지칭하기를 거부하는 '애매모호함'을 드러낸다.

무언가를 정의한다는 것은 결국 어떤 안정된 체계로 귀속시킨다는 것이다. 발레리는 이 애매모호함을 초월성이라고 했다. 초월은 "주어진 삶의 부분성과 범속성을 전체적이고 고양된 이념으로 극복하는 것"[2]이라 할 수 있다. 나희덕 시는 어떤 '초월'을 보여준다. 시인은 사물을 명명하지 않고 현상적인 것으로 나타낸다. 그것의 전체성을 나타내려 했는지도 모른다.

"툭…… 탁…… 타닥……" "무슨 소리" "무슨 냄새." 심미적 대상을 대상화하는 암시의 힘이기도 하다. 그것은 "끝내 보이지 않아도 좋"은 삶의 온전한 총체적 지평이다. 보편적 에너지의 근원성이다. 어두운 숲으로의 산책은 열매를 맺고 열매를 터뜨리며 세계와 주체가 만나는 여정이다. 회귀라는 존재론적인 운동을 하는 것이다.

하여 나희덕의 시야말로 가장 내면성의 시라 할 수 있다. 내면성이란 세상을 인상으로 구성해내는 주관적 인식의 과정만이 아니다. 객관적 재구(再構) 과정이다. 내면과 외면의 변증법적 교환이라 할 수 있다. 시적 과정이야말로 이러한 내면화의 과정이 아니고 무엇이겠는가. 시야말로 명경지수(明鏡止水)의 이미지처럼 세계를 비추는 마음을 형상화해내는 것이다. 우리가 세계를 주관화, 내면화한다기보다 세상이 우리의 내면을 통해서 스스로를 나타낸다.

나희덕의 시는 다락방에서 기도하는 수녀의 한 모습처럼, 어두운 숲에서 어떤 명명할 수 없는 절대적 말소리를 듣는 것처럼, 세계를 향하여 스스로 마음을 열고 있다. 그렇게 될

---

2) 김상환, 『예술가를 위한 형이상학』, 민음사, 1999, p. 387.

때 시인은 세계가 비치는 내면을 투명하게 드러낼 수 있다. 세상이 비치는 명경지수의 경이감을 시로 보여줄 수 있다. 나희덕의 시는 세계를 받아내는 맑은 거울이다.

헐렁헐렁한,
짤랑짤랑거리는

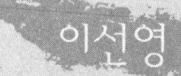
이선영

1964년 서울에서 태어나 이화여대 국문과 및 동대학원을 졸업했다. 1990년 『현대시학』에 「한여름 오후를 장의차가 지나간다」 외 8편을 발표하면서 작품 활동을 시작했다. 시집으로 『오, 가엾은 비눗갑들』 『글자 속에 나를 구겨넣는다』 『평범에 바치다』 등이 있다. 현재 '21세기 전망' 동인으로 활동 중이다.

내 인생에 금쪽의 무게를 더한 것은 지폐가 아니었다
내 인생을 공 튀듯 아슬아슬 즐겁게 한 것도 지폐는 아니었다
고귀한 지폐는 워낙 말이 없었다
동전들이 뻔뻔스런 무게로 내 몸을 무겁게 했으며 수다스런 부피로 나를 배부르게 했으므로
볼썽사납게 내 아랫배를 부풀리거나 짤랑짤랑 소리를 내어 나를 당황하게 했으므로
내 인생은 즐거웠다
빚쟁이 털어가듯 순식간에 동전들이 내 몸을 빠져나가고 나면
아앗 거덜난 내 생의 세간살이
다시 동전을 채워야 비로소 북적거리는,
북적대며 살아가야 할 도시의 나날들……

나는 본시 지폐를 담아두기 위해 태어난 지갑이었던 것만은
아니다
　　내 몸의 태반은 동전들로 채워지기 일쑤였고
　　나는 내 일생의 태반을 동전들의 뒤치다꺼리에 바쳤다
　　스물일곱, 적지 않은 해 동안 낡아온 지갑 속에는
　　흠집 많은 동전, 갈 곳 잃은 동전, 상처 입은 동전들이 난폭
하게 뒤섞여 산다
　　허름한 지폐 몇 장과
　　체납된 신용카드와
　　과오뿐인 사랑과
　　허명 자욱한 먼지투성이 이름과
　　스물일곱 살 지갑 속에는
　　허름한 지폐 몇 장과
　　체납된 신용카드와
　　과오뿐인 사랑과
　　허명 자욱한 먼지투성이 이름과
　　……………………………………………………
　　스물일곱 살의 남루한 지갑 속에서
　　수십 수백 개 동전들이 짤랑짤랑 흔들린다, 내 인생
　　　　　　―「짤랑짤랑 흔들린다, 내 인생」[1] 부분

---

1) 이선영, 『오, 가엾은 비눗갑들』, 세계사, 1992.

남성적 응시 속에서 여성 신체와 물상은 사소한 것이었다. 서랍 안에 갇혀 있던 어떤 것이다. 남성적 명제는 이를테면 역사나 이데올로기, 이념과 같은 거대한 추상성이다. 이선영은 이에 대립되는 사소한 것, 일상적인 것을 탐색한다. 하찮고 구체적인 물건을 들여다보는 관찰이다.

이선영의 시는 오랫동안 열어보지 않은 서랍 속을 들여다본다. 사소한 것들로 가득 찬 서랍 속, 서랍은 먼지로 가득하다. 잊고 있던 놀라운 것들이 튀어나온다.

삶의 구체적 세목에서 실은 존재의 실체적 내부가 형성된다. 이선영은 헌 구두와 책상, 비누, 지갑과 같은 작고 일상적인 물건들을 노래한다. 그녀는 아랫배, 손, 손가락과 같은 신체의 일부분에 대하여 이야기한다. 대중자본주의의 문화적 세례 속에서 중요하게 부상한 '일상성'의 문제를 환기시킨다.

일상의 물상과 여성 신체는 오랫동안 고정된 붙박이 물건 같은 것이었다. 관습적 풍습이며 습관이었다. 남성에게 일상과 여성은 물신적 시각 쾌락증을 제공해준다. 남성은 그것에 거리를 두고 바라본다. 바라보면서 바라본 것에 대한 통제권과 쾌락을 얻는다. 반면 여성은 관음증의 위치를 갖기 어렵다. 여성은 일상과 신체와 너무 밀착되어 있어서 그것들과 거리를 두지 못한다. 여성은 스크린의 여성을 자신으로 동일시한다. 일상의 소품은 그녀의 신체나 마찬가지다.

이선영의 시는 나르시시즘의 자기 동일시를 파괴하는 객관적 응시를 드러낸다. 이런 점은 의미 있는 한 지점을 제시한다.

> 나는 살찐 아랫배를 가지고 있다
> 나는 군살이 많은 이 아랫배를 두터운 옷자락 안에 감춰두곤 했지만
> 그것은 언제나 내 몸을 무겁게, 나를 수치스럽게 했다
> 나의 아랫배를 가득 채운 것은 무엇인가?
> ──「나의 아랫배 이야기」 부분

시인은 살찐 아랫배를 감춘 두터운 옷자락을 열어 보여준다. 육체의 은밀한 내부를 마이크로적 시선으로 포착한다. 이것이 시인의 특별한 개성을 드러내는 것은 아니다. 내가 주목하고 싶은 것은 시인이 남성적 응시에서 재현된 여성적 이미지를 전복한다는 데 있다. 남성적 규정력에 의해 대상화된 여성 신체를 재구(再構)해낸다는 데 있다. 여성 신체에 관한한 여성은 자신이 여성임을 부정해야만 한다. 여성의 신체에 대한 스스로의 인식 안에서 '여성을 위한 이미지'도 없고 '여성의 이미지'도 없다. 여성은 남성 욕망에 봉사한다. 스스로 남성성을 자신과 동일시한다(남성적 시선을 가진다는 점

에서). 여기서 여성의 성도착이 예비된다.

이선영 시에서 "살찐 아랫배"는 남성 시선을 흔드는 여성의 저항 공간이다. 변비와 탐식으로 얼룩진 그녀의 아랫배는 남성의 시선을 깨뜨린다. 영화의 관객이 에로틱한 응시를 할 수 있도록 여자 주인공은 포즈를 취한다. 영화의 움직임은 정지된다. 이때 이선영은 그 반대 항에서 극단적으로 자신의 살찐 아랫배를 클로즈업시킨다. 이 아랫배의 힘으로 세상에 나아간다. 갖가지 욕망으로 세상에 나아간다. 축적된 본능의 에너지로 세상에 나아간다.

존재는 형이상학적 관념과 마음으로 이루어진 어떤 것이 아니다. 먹고 자고 배설하고 생식하는 몸을 근간으로 한다. 몸은 물리적 실재다. 이선영은 몸 사유를 통해 자아를 의식한다. 몸에서 자아를 찾고 있다. 이를테면 그녀는 "언제부터인가 나는 투욱툭 틀어지고 있었던 게 분명하다/내 몸의 어느 부분에서부터 그 틀어짐이 시작되었는지/나를 틀어지게 했던 최초의 충격이 무엇이었는지는 알 수가 없다"(「틀어진 옷」)고 노래한다. 그녀에게 피부는 제2의 옷이다. 몸집은 감각과 의식의 총화다. 몸이 틀어지고 있다는 느낌, 이 몸의 작용을 통해 세계를 의식한다. 주관이 생겨난다. "몸집의 생존"으로서 "나의 존재"는 시작되었다고 말한다. 그러나 몸집은 점점 자라나서 몸 안에 갇혀 있는 욕망이 이제 "나를 찢"어버리며 나오려고 한다. 몸이 팽창하면서 제어할 수 없는 욕망이 분출된다.

이선영은 몸을 매개로 자본 권력 시대에 무의식화된 욕망을 비판한다. 이제 저항의 거점이 몸이 되었다. 현실 자본이 축적되는 곳이 몸이지만 그 욕망을 비판하는 것도 몸이다. 이선영은 세계를 인식하고 사유하기 위해 몸을 거점화한다.

그렇게 하여 몸은 내가 욕망의 주체임을 말해준다. 그 욕망의 촉발에서 인식과 저항이 시작된다. 감각과 사유가 동시적으로 일어난다. 몸의 촉감과 느낌으로 세계를 인식하고 나를 자각한다.

그러나 좀더 주목해서 살펴야 할 것이 있다. 이선영 시에 자주 등장하고 있는 물건들이다. 이를테면 손목시계, 지갑, 헌 구두, 변기, 치약, 비눗갑 등이다. 이선영의 시에서 이 사물들은 일종의 신체의 확장처럼 이야기되고 있다.

> 내가 잃어버렸던 지갑이 하나 있다
> 그 지갑은 내가 가졌던 가장 값비싸고 마음에 드는 지갑이었을 뿐만 아니라 내게 있어 단 하나의 지갑이기도 했다
> […]
>
> 그런데, 놀랍게도, 그 지갑이 지금 내게 되돌아왔다
> […]
> "그래, 이것은 어쩔 수 없는 내 것이야"라고, 한숨을 쉬다가

안도의 숨을 내쉬다가　　　―「지갑에 얽힌 이야기」 부분

　세상이 만들어낸 많은 신발들 속에서
　나는 우연히 내 것이 되었던 몇 켤레의 신발들을 신고 이곳까지 왔다
　그 중에는 아주 내 맘에 드는 것도 있었지만
　지금은 기억조차 나지 않는 신발들이 대부분이었다
　그 신발들은 쉽게 닳았으며 결국은 헌신짝처럼 버려졌다
　나는 지금 내가 신고 있는 구두를 내려다본다
　이 구두는 지나치게 낡았다
　나의 험한 발걸음이 이 구두의 여린 몸을 망쳐놓은 것이다
　오 용서해다오, 나를 만나는 게 아니었던 불운한 구두여
　　　　―「헌 구두를 내려다보며 탄식함」 부분

　일상은 질료적인 사물을 통하여 드러난다. 일상은 반복적이고 습관적인지라 삶에 매몰되어 있는 듯 보인다. 그러나 일상은 때때로 비일상을 드러낸다. 비일상성을 드러냄으로써 그 일상성을 폭로한다. 늘 몸의 일부분인 것처럼 지니고 다니는 지갑, 발의 연장인 듯 신고 다니는 신발이 어느 한순간 비일상의 스펙터클로 등장한다. 비로소 어떤 물체가 의식 안으로 들어오는 순간이다. 지갑은 재산의 모든 것, 신원을 확인시키는 모든 것을 담고 다닌다. 지갑을 잃어버리는 순

간, 길들여지고 순종하던 일상이 전복된다. 현실 속에서 자신을 증명해주는 것은 일상인 것이다.

 일상은 사실 지리멸렬하다. 진부하며 저속한 것이다. 일상은 먹고 마시고 기계적이다. 반복적인 운동으로 이루어져 있다. 시인은 "비바 70미터 두루마리 휴지를 손에 들고" 있다. 일상은 "아무 저항 없이 풀리고 찢기는/휴지의 살집" 같은 것이다. 언젠가는 버려지고 "볼품없는 몸통"(「휴지 같은 이 인생」)으로 남게 되는 소진일 뿐이다. 일상은 소비되고 소멸되는 무한한 반복이다. 그러나

 이 하찮은 덧없음의 물건이 새로운 변형과 수정을 맞는다. 그 순간 일상은 반성과 성찰의 한순간을 제공한다. 재화와 신원 증명의 모든 것들이 상실되는 순간, 그 조그맣고 습관적인 지갑이 사라지는 순간, 내 몸처럼 신고 다니던 신발이 닳고 낡아서 버려져야 하는 순간, 일상은 숨겨진 본질을 드러낸다. 일상이 가져다준 삶의 체험들이 새로운 의미의 시간들로 드러난다. 시인은 "나"의 험한 발걸음으로 여린 몸을 망친 구두를 내려다본다. "용서"를 구한다. 구두의 불운함을 노래한다. 늘 제 몸의 한 부분이라고 생각한 것들이 몸 밖 타자로 던져지는 순간(헌 구두를 버려야 하는 순간), 자아의 극렬한 분리감을 만끽한다. 그러나

 여기서 문제적인 것은 이선영의 시가 지극히 근대적 인식의 과정을 구현해내고 있다는 점이다. 그녀의 시에서 자주

등장하는 '나'라는 에고ego에 대한 인식부터가 그러하다. "내 안에는 또 하나의 사람이/늘 앉아서 울고 있다"(「내 안에는 또 하나의 사람이」) "내 미세한 신경의 한켠을 들쑤시며 내 발목을 잡아당기는/이 집요한 치통 때문에 나는"(「이 예기치 않은」) "내가 후회하는 것이 있다면/애써 내 것으로 만든 물건이 내 마음에 썩 드는 물건이 아니었을 경우에도/내가 그것을 굳이 무르려 하지 않았던 일이다"(「기정사실」). 근대성은 인식 주체의 개인성을 발견하는 것이다. 경험 주체들이 스스로 주체로의 자각을 해나가는 것에서 시작한다. 이미 상식적인 말이다.

이선영의 시에서 등장하는 '나'는 삶의 구체적 세목들을 경험한다. 삶을 주관하면서 외화해나간다. 근대 일상의 한 생활인이다. 세계는 그것을 구성하는 자기 자신에서 출발한다. 그 안에서 '개별성'이 구현된다.

구체적 개인으로서의 개별성을 확인시켜주는 것이 바로 물건이다. 근대는 물건을 통하여 세계를 인식한다. 그것으로 자아를 의식하게 된다. 즉 사적 소유를 하고부터 인간은 주체를 인식하게 된다. 사적 소유는 주체성을 인식하게 하는 계기가 된다. 시인은 '내 지갑' '내 헌 구두' '내 다림질' '내 책상' '내 손목시계'라고 말한다. 근대에서 물건은 신체의 확장이면서 동시에 신체의 분비물이다. 소비 사회에서 물건은 자신의 존재를 증명할 뿐만 아니라 향유에 의해 문화 계급의 분류가 이루어지게 한다. 일상은 소비 행위와 소비되는 물건에 의해 결정된다. 현대 사회는 이러한 일상을 양식화하고 있다. 그리하여

이선영의 시에 등장하는 자잘한 일상의 물건들은 거대한 관념들을 넘어선다. 이를테면 역사나 이념이라는 것들이다. 일상의 물건들은 상상이나 꿈이라는 것들 너머의 구체적 대상이다. 삶의 이미지다. 시인은 거대한 선언의 프로파간다에서 삶의 아래로 내려온다. 일상의 기호들을 해석하고 삶의 지리멸렬을 이야기한다. 삶의 지속과 소멸을 이야기한다. 사물들과의 삶, 이것이 비루한 일상의 착취이면서 동시에 영원히 지속되는 일상의 지속성이다.

그렇다고 이선영의 시에 나타나는 흔한 물건들이 단순하게 경제주의로 환원되는 소비 사회의 방식을 설명하는 것은 아니다. 광고와 매체에 의해 생산되는 소비 이데올로기로 설명되지 않는다. 흔히 근대에 들어와서 비로소 사람들은 사물에서 분리되어 사물을 조정하고 운영하게 되었다고 말한다. 지배, 군림하게 되었다고 말한다. 어린아이 때는 사물들과의 일체감을 느낀다. 문명은 사물과의 일체감을 깨뜨렸다. 사물을 우리에게서 분리해놓았다. 사실 중세 때는 '작품'이었던 것이 근대 이후에 와서 '상품'이 되었다. 권력의 억압은 노동의 착취로 바뀌게 되었다. 사물은 자본주의의 관리 체계 안으로 편입된다.

그러나 한편 그러하기에 역설적이게도 근대 사회에서 물건은 신체와 밀착된다. 존재 상실과 덧없음을 함께 공유하는 신체의 분신이 된다.

 이선영 시에서 치약과 칫솔, 비누와 비눗갑은 그녀의 몸 느낌과 판단과 결단을 자극한다. 지갑과 구두와 손의 흠집과 주머니 안에 짤랑거리는 동전에는 시인의 몸 인식이 스며들어 있다. 시인은 물건을 통하여 자아의 욕망과 육체의 시공간을 소유한다. 근거점을 소유하는 것이다.

 이선영의 시는 지루한 삶에 대한 덧없음, 무상한 일상의 물건들, 더할 수 없이 권태로운 삶의 소모에 대한 시다. 이선영의 시는 하찮은 물건들의 소중함과 동시에 그것의 소진에 대하여 이야기한다. 이데올로기의 광채 뒤에 숨겨진 '구체적 체험의 발각'이다. 지극히 일상적인 주체의 체험이 삶의 보편성을 획득하게 된다. 우리가 숨쉬고 살아가는 현실의 시공간 속에서 우리 몸짓으로 일상성을 실천하고 반복하고 있기 때문이다. 이선영의 시가 사소하고 은밀한 일상사에서 자전적이고 나르시스적 욕망으로 치환되지 않는 것은 이러한 이유에서다.

 「짤랑짤랑 흔들린다, 내 인생」에서 시인은 자신의 인생을 즐겁게 한 것은 지폐가 아니라고 말한다. 시인의 인생을 공 튀듯 아슬아슬 즐겁게 한 것도 지폐가 아니라고 말한다. 지폐는 고귀할 뿐 말이 없다. 동전이 그녀의 인생을 즐겁게 해준다. 그녀의 주머니가 북적거리는 동전들로 가득 채워질 때 생의 세간이 갖추어지는 듯하다고 말한다. 그녀의 몸은 대개 동전으로 가득 채워지기 일쑤다. 그녀의 일생은 동전들의 뒤치다꺼리에 바쳐진다. 그녀의 지갑 안에는 "흠집 많은 동전, 갈 곳 잃은 동전, 상처 입은 동전들이 난폭하게 뒤섞여 산다." "허름한 지폐 몇 장과/체납된 신용카드와/과오뿐인 사랑과/허명 자욱한 먼지투성이 이름"이 스물일곱 살의 지갑에서 짤랑거린다.

이선영의 시에서 사물들은 대개가 낡고 닳고 허름한 것들이다. 오랫동안 함부로 신은 헌 구두와 중학교 때부터 끼고 있던 낡은 손목시계, 다 짜버린 치약, 더러운 것을 삼키는 변기, 틀어진 옷, 흠집이 난 손, 다 써버린 비바 두루마리 휴지, 비누가 덕지덕지 묻은 오래된 비눗갑, 재고가 0이 된 60회 정기권. 새것이나 탄력 있는 것들은 없다. 그녀의 육체를 이루는 것들은 "볼썽사납게 나온 아랫배"처럼 탄력을 잃은 것이다. 헐렁헐렁한 살덩어리들이다. 허름하고 체납된 과오뿐이다. 허명 자욱한 먼지투성이의 물건들은 그녀의 생을 채우고 있다. 그녀의 육체를 형성하고 있는 것이다. 이런 부분은 근대의 물결 속에서 구겨진 휴지처럼 연약한 데카당적인 자아를 느끼게 한다. 일상의 진부함이 주는 지루함으로 상처 입고 흠집 많게 된 그녀의 자아는 수백 개 동전의 무게처럼 무겁다.

그러나 일상의 진부함이 다시 일상에 빠져 있는 자신을 실존적 자아로 의식하는 그 순간 일상은 새로운 변형을 맞게 된다. 이선영은 덧없는 일상의 의미들, 흩어진 부스러기들을 한데 모으면서 일상을 넘어서려 한다. 상처 입고 갈 곳 잃은 동전들을 짤랑거리면서 일상을 넘어서려 한다. 동전의 금빛 무게로 생의 세간이 북적댈 때 생은 일상의 밑바닥을 딛고 일어선다. 일상을 몸으로 삼아 일상의 몸으로 기어 일상을 넘어서려 한다. 이선영은 일상성의 풍경을 극단적으로 스펙터클화하여 창조해냄으로써 역설적으로 일상을 뒤집는다. 그것은 일상을 이야기하고 또 반복하고 전면화함으로써 가능해진다. 일상 안에는 이미 그것의 전복이 내장되어 있는 것이다.

이를테면 그녀의 시는 산문적 문장으로 단정하다. 명료한 의미들을 추구한다. 그것은 지나치게 서술적이며 진술적이다("다림질을 한다/늦은 밤이나 이른 아침에/다림질도 잘하려면 간단한 일이 아니다"〔「나의 게으른 다림질」〕, "예전에 나는 희고 깨끗한 손이었다/나는 자자한 칭송거리로 사람들의 입에 오르내리곤 했었고 무척 의기양양했었다"〔「내 손엔 흠집이」〕).

담담한 서술은 이선영의 시를 매우 일상적인 진술로 느끼게 한다. 산문적으로 느끼게 한다. 이선영은 무심한 듯 일상적 서술로 일상을 노래한다. 일상을 탓하고 일상을 변명한다. 일상을 지극히 일상적 독백처럼 노래한다. '일상적으로 말하기diction'는 긴장tension으로 이루어진 시적 어법poetic diction과 대립되는 것이다. '일상적으로 말하기'가 관습적으로 알고 있는 시적 어법을 뒤집어버림으로써 오히려 친숙한 일상을 불현듯 낯설게 만든다.

사람들은 일상을 지겨워하면서도 일상이 깨질까 봐 전전 긍긍한다. 일상은 참으로 이상한 물건이다. 일상을 훌쩍 떠나고 싶어하면서도 일상이 사라질까 봐 노심초사한다. 일상은 자신의 생활이며 세계에 존재를 붙박아주는 어떤 것이기 때문이다. 일상성은 그 자체에 이 아이러니의 운명을 담고 있다. 일상의 소박한 안락함과 동시에 일상의 견딜 수 없는 비속함.

하여 일상성이 시에서 극단화하고 전면화할 때 그것은 비일상이 된다. 이것은 단순한 낯설게 하기의 효과만은 아니다. 일상이 전면화될 때 일상은 전복되고 비일상이 되고 만다. 일상과 비일상의 진자 운동, 헐렁헐렁한 육체 안에서, 짤랑짤랑 흔들리는 동전 주머니 안에서, 불룩한 아랫배 안에서 일상의 욕망과 일상 해체의 욕망이 충돌한다.

이선영은 수십 수백 개의 허름하고 낡은 물건들을 지갑에 넣고 다닌다. 수집가, 이선영은 '사소한 것들의 수집가'이다. 주머니에는 잡동사니가 그득하다. 삶은 무겁고 소리 나는 것으로 육체를 가득 채운다. 아, 사소하고 비속한, 그러나 내팽

개칠 수 없는 일상에 대한 경멸과 연민이라니.

가까스로 발견한 평화

이진명

1955년 서울에서 태어나 서울예대 문예창작과를 졸업했다. 1990년 계간 『작가세계』를 통해 등단했다. 시집으로 『밤에 용서라는 말을 들었다』 『집에 돌아갈 날짜를 세어보다』 등이 있다.

요새 부쩍 구슬 생각이 잦습니다
구슬을 얻어 꿰차고 싶습니다
옆구리 가득 구슬을 차고 다녔던 어린 날처럼
주머니 속에서 색색의 몸 굴리며 눈떠 있던 구슬들
든든하였지요
작고 단단한 것이 매끄러운 것이
예쁜 색깔 홈 하나 없는 것이
어떻게 해서 다 잃어버렸을까요
동그랗게 눈뜬 빛나는 것들 어디로 다 가버렸을까요
구슬 주머니가 너무 오래 비었어요
허전하고 허전한 옆구리가 되었어요
구슬은 쉼 없이 보살펴줘야 하는데

닦고 매만지고 꺼내 비춰보고 해야 하는데
어디서부터 잃기 시작했을까요 어느 비뚤어진 길에서부터
분필 표시도 없이 지나온 어른의 길을
어떻게 다시 찾아가나요
대부분은 어린 날 놀다가 쓰레기 더미에 굴려버리고
하수구에도 빠뜨렸겠지요
터진 주머니 아랑곳 않고 뛰어다니다 줄줄 흘렸겠고요
기분 맞춰주던 친구한테 몇 개 척 내주기도 했을 거예요
그러나 또 몇 개쯤은 어른이 되어서도 서랍에 지니고 있었던
듯싶은데
머릿속이 철수세미처럼 엉켜버린 날
이런 게 다 무슨 소용이람
밖의 헐떡이는 개새끼한테나 확 뿌려주었는지
그 모든 잃어버린 구슬들 요새 부쩍 그리워요
동그란 빛나는 것들을 찾아야겠어요
다시 주머니 하나하나 채워야겠어요
든든해지니까요 그땐 정말 든든했었어요
고요하고 깨끗한 생각을 가져봅니다
구슬이 있는 곳이 혹 보일지도 모르니
구슬은 필시 어딘가 깊숙이 묻혀 있겠지요
먼지와 어둠과 때에 엉켜 시커멓게 덩어리져 있겠지요
구슬이 아주 모래로 부서져 찾을 수 없다는 말은 들어보지

못했습니다
　우선 내 가까이 찾아보렵니다 서랍 근처부터
　그보다 더 가까이 내 몸속 마음을 건드려보렵니다
　구슬은 조금만 건드려줘도 솟아오르니까요
　빛이 빛이 구르니까요
　구슬이 다행히 몸속 마음에 빠져 울고 있었다면
　어렵지만 쉽지요 그래요
　마음을 뒤집으면 마음을 뒤집으면요
　아, 그럼, 옆구리에 구슬을 달고
　벌써 들로 나가지요 보무당당히
　들세상 친구들 짤랑거리는 진짜 놀이에 참석하지요
　　　　　　　　　　—「구슬에 대한 생각」[1] 전문

　우리 안에 기이하게 웅크리고 있는 한 아이가 있다. 우리가 가장 내면적이 될 때 한 아이의 얼굴을 만나게 된다. 어두운 구석에 앉아 있는 한 어린아이. 우리는 우리 자신의 과거를 보고 놀란다. 몽상은 우리를 아주 멀리 데리고 가는 것이 아니다. 가장 가까운 우리 안의 내부로 데리고 간다. 미지의 먼 어떤 곳이 아니다. 내 안에 고여 있던 최초의 유년이다. 상상하고 추억하고 기억해서 알게 되는 것은 과거라는 실체

---

[1] 이진명, 『집에 돌아갈 날짜를 세어보나』, 문학과지성사, 1994.

다. 그것에 당도하게 된다.

그것은 우리의 상상과 기억이 결합되어 있던 곳이다. 사건과 세계가 결합되어 있던 곳, 존재와 우주가 둥글게 함께 돌아 회전하던 곳이다. 낯설면서 친숙한 어떤 우화의 세계다. 생생하면서도 이물 같은, 감동할 것 같은 곳이다. 하나하나의 감각들이 살아나는 곳이면서 동시에 어떤 고독이 웅크린 곳이다. 바로 우리의 유년이다. 설명되지 않는 여러 장면들이 몽타주의 고독처럼 겹쳐져 있는 곳이다. 그러나 그것은 현실이 주는 이 상실감이라는 봉헌물을 얻으면서 자라나는 식물이다. 아니 그것은 우리가 가장 내면적으로 될 때 그 내면의 몽상을 먹이로 하여 약간씩 개화를 시작한다.

그러나 그 내면에 들어앉아 있는 어린아이를 발견하면 우리는 놀라게 된다. 우리는 어린아이 때의 언어를 잃어버렸기 때문이다. 어린아이를 발견하자마자 우리는 결여를 느낀다. 그것은 발견이자 동시에 결핍감을 준다.

이진명의 시 「구슬에 대한 생각」은 잃어버린 구슬, 잃어버린 유년의 언어에 대한 몽상이라 할 수 있다.

> 요즘 부쩍 구슬 생각이 잦습니다
> (……)
> 옆구리 가득 구슬을 차고 다녔던 어린 날처럼
> 주머니 속에서 색색의 몸 굴리며 눈떠 있던 구슬들 든든하였

지요

 유년은 경직된 의식을 풀어준다. 우리가 순수하게 우리 속으로 아주 깊숙하게 내려가는 것을 도와준다. 유년에 대한 몽상은 현실 너머 가능성의 지대와 맞닿아 있기 때문이다. 유년을 노래하는 시인과 독자가 이 추억의 도르래 아래에서 함께 만난다. 유년은 세계와의 어떤 공유, 현실의 이상화에 대한 어떤 기대를 품게 한다.
 어린아이들은 세상의 모든 사물들이 살아 있다고 생각한다. 일종의 물활론적 의식에 젖어 있다. 물건이나 사물이 자신과 똑같이 숨쉬고 있다고 말하고 생각한다. 세계와 나의 무경계의 지대, 하여 유년은 존재가 세계와 모든 것을 공유하고 있다는, 합일을 느끼게 한다. 우주가 존재 안에 들어와 숨쉬고 있는 우주의 배꼽이다. 시인이 가지고 있는 구슬 주머니는 유년에 가졌던 사물과의 공유와 일체감이 깃든 태반이다.
 그런데 시인은 "요즘 부쩍 구슬 생각이 잦"다고 말한다. "옆구리 가득 구슬을 차고 다녔던 어린 날" "작고 단단"한 "매끄러운" 그 구슬을 시인은 어떻게 해서 다 잃어버렸을까. 구슬은 쉼 없이 보살펴주어야 한다. "닦고 매만지고 꺼내 비춰보고 해야" 한다. 그러나 어디에서부터 잃기 시작했는지조차 기억이 나질 않는다.

아이들은 조그만 손가락으로 물건을 주무르고 만지면서 사물을 인식한다. 밀가루 반죽과 모래 무더기로 세계와 주체를 인식한다. 세계에 대한 인식은 이러한 촉감에 의해서다. 주머니 안에서 만지작거리며 세계와의 일체감을 느낀다. 그 손의 촉감이 사라지면서 우리는 어른이 되어간다. 유년의 감감은 눈으로 만지고 입으로 가져가 빠는 것이다. 세계는 어느 순간 아이에게서 유년의 촉감을 빼앗아가버린다. 눈으로 만지라고 명령한다. 위생적인 청교도의 시각 세계가 펼쳐진다. 온갖 영상에 의한 눈의 포식이 이루어진다. 주머니 안에 구슬을 만지작거리며 느끼는 에로틱한 접촉, 세상에 대한 쾌락과 장난은 이제 사라진다. 어른이 된다는 것은 이러한 촉감의 일체감을 버리는 것을 의미한다. 시각적 거리, 객관적 거리를 지니게 되었다는 것을 의미한다.

사실 구슬은 일종의 놀이가 아닌가. 그것은 "머릿속이 철수세미처럼 엉켜버린 날/이런 게 다 무슨 소용이람" 하는 장난이다. "밖의 헐떡이는 개새끼한테나 확 뿌려주"었을지도 모르는 장난스러운 유희의 도구일 뿐이다. 어른이 되고 나서는 이 감각적이고 정열적인 놀이는 삶의 경제학에서 쓸모없는 것이 되고 만다.

그러나 구슬치기, 구슬따먹기, 구슬 짤랑거리기를 하면서 놀이에 열중하던 것이 꿈의 모든 것이었다. "동그랗고 빛나는" 구슬은 아이가 가지는 머나먼 우주다. 세상에 대한 몽상을 가능하게 한다. 구슬의 동그랗고 투명한 빛은 어떤 응시이기 때문이다. 그것은 유년의 밑바닥에 고여 있는 하나의 눈동자처럼 우리를 쳐다본다. "고요하고 깨끗한 생각"을 하게 하는 구슬은 몽상의 눈동자다. 그 눈동자를 조용히 바라보다 보면 우리는 그 안에 비치고 있는 우리의 모습을 볼 수 있다. 구슬을 바라보는 것은 우리 존재를 흡입하여 간직하고 있는 순결을 찾는 행위이다.

　구슬은 필시 어딘가 깊숙이 묻혀 있겠지요
　먼지와 어둠과 때에 엉켜 시커멓게 덩어리져 있겠지요

시인은 자신의 운명의 전열을 가다듬는 사람처럼 구슬을 찾는다. 삶의 어떤 구석을 뒤적인다. 시인은 아차, 하고 생각한다. 우선 시인은 "내 몸속 마음을 건드려보"려 한다. 마음의 깊숙한 심연 속, 심연의 깊이로 줄을 매달아 늘어뜨린다. 구슬은 마음 깊숙한 곳에 숨어 있을지도 모른다. 시인은 생각한다. 탄력 있는 구슬은 단단한 그 힘으로 조금만 건드려줘도 솟아오르니까, 라고. 다행히 구슬이 마음의 우물에 빠져 있었다면 시인은 마음을 뒤집으면 된다고 생각한다. 오, 구슬이 마음의 주머니 어딘가에 빠져 있기만 하다면……. 그렇다면 구슬을 옆구리에 꿰찰 수 있다. 시인은 당당하게 세상에서의 진짜 놀이에 참석할 수 있다. 시인은 그렇게 생각한다.

사실 영롱하고 단단한 구슬은 기억을 환기시킨다. 분명 우리가 오래전에 잃어버린 어떤 이야기를 환기시킨다. 고요하면서 비어 있는 부재를 향해 절박한 요구를 한다. 인간은 처음부터 뭔가를 잃어버린 자다. 그의 삶은 그 부재를 어떤 방식으로 채워나가는 욕망의 그림자다.

구슬찾기에 대한 고심은 실존적 존재의 오랜 추적과 연관되어 있다. 불교에서의 심우도, 아비찾기의 모티프, 보물찾기의 탐색. 그러나 싯다르타의 고뇌는 자신이 찾고자 하는 그 무엇이 아니다. 결국 그 과정을 통해 얻게 되는 그 무엇이다. 인생은 일종의 길가기, 길떠나기의 고단한 여정이다. 결국 우리의 삶이 지난한 동사의 삶에서 벗어날 수 없다면, 인간에게 남는 것은 바로 시간의 넘어섬이다. '질적 시간'을 경험함으로써 존재의 전환을 이룩하는 일이다.

질적으로 시간을 경험한다는 것은 사물이 내뿜는 시간들을 한꺼번에 포착하는 것을 의미한다. 그것은 순간으로 차단하는 시간이 아니다. 하나의 시간으로 단절되는 어떤 정지도 아니다. 삶을 종합적으로 부르며 존재를 한꺼번에 감싸 안는 방식이다. 시인은 이 방식으로 시간을 감싸 안는다. 이진명의 시에 나타나는 고독한 우수의 저녁(「저녁을 위하여」)이 그러하다. 숲을 통과하면서 어둠이 서서히 걷히는 박명의 시간(「숲을 통과하다」)이 그러하다. '시간의 질적 체험'을 드러내는 한순간이다.

    나는 나무에 묶여 있었다. 숲은 검고 짐승의 울음 뜨거웠다. 마을은 불빛 한 점 내비치지 않았다. 어서 빠져나가야 한다. 〔……〕 은은한 향내에 싸여. 고요하게 사라지는 흰 옷자락. 부드러운 노래 남기는. 누구였을까. 이 한밤중에. 〔……〕 그 이상한 전언. 용서. 아, 그럼. 내가 그 말을 선명히 기억해내는 순간 나는 나무 기둥에서 천천히 풀려지고 있었다. 새들이 잠에서 깨며 깃을 치기 시작했다. 숲은 새벽빛을 깨닫고 일어설 채비를 하고 있었다.   ―「밤에 용서라는 말을 들었다」 부분

이진명의 시에서 나무, 숲, 저녁, 새벽, 어둠 등의 명사들이 등장한다. 이것은 이름으로서 단순한 명명이 아니다. 이것들은 어떤 시간들을 종합하고 있다. 이 사물들은 시간의 질료들이다. 오랜 시간 동안 상징화되어온 원형이다. 나무와 숲, 저녁, 새벽, 어둠은 거대한 원형이다. 인간의 무의식 속에서 오랫동안 축적되고 지속되어온 종교적 무의식과 관계한다. 이를테면 빛과 어둠, 죄와 구원, 삶과 죽음이라는 인간의 존재론적 상징이라 할 수 있다. 인간은 자연과 대면하면서 실존의 방식을 체험한다. 자연물은 인간 실존의 거대한 상징이다.

  나는 이진명의 시에서 사물들이 일종의 질적 체험들을 분

출하고 있다고 말했다. 이 사물들이 존재의 질적인 덩어리를 경험하게 하기 때문이다. "저녁은 모든 것을 느끼지, 모든 것을/오 그렇고 그런 평화/자기를 뒤따라온 빈자(貧者)의 등 하나를"(「저녁을 위하여」). 존재의 느낌은 시간 이미지로 분출한다. 즉 우리는 시간이 소멸하듯 언젠가 스산하게 사라져 갈 존재라는 사실을, 그리하여 그러한 사라짐을 고즈넉하게 바라보며 평화로운 안식 속에서 잠들게 될 것이라는 것을, 생의 수고스러움과 피곤함을 느끼며 지나온 시간들을 추억해야 할 순간이 올 것이라는 것을, 시인은 말해준다.

이 생의 고즈넉함 속에 뒤따라오는 "빈자의 등 하나"는 지나온 시간이 남겨주는 마지막 온기이다. 아니 그것은 우리의 생이 계속해서 지켜온 가난한 생에 대한 소박한 믿음이다. 이진명의 시에서 보여주는 겸허와 소망은 실존적 고독이나 존재에 대한 느낌과 관계한다.

「밤에 용서라는 말을 들었다」에서 숲과 나무, 새와 은은한 향내, 고요하게 사라지는 흰 옷자락은 단순한 시적 대상물이 아니다. 새벽, 분노, 절망, 하늘빛 오랜 영혼 등도 마찬가지다. 실존적 상징물이다. 그것은 인간적 한계와 분노를 드러낸다. 동시에 그것으로 인한 결박과 구원의 과정들을 함축한다. 짐승이 울고 있는 검은 숲에서 시인은 나무에 묶여 있다. 시인은 몸을 뒤틀며 나무를 밀어내려 한다. 암흑과 같은 두려움 속에 시인은 문득 잠이 든다. 그 사이 은은한 향내에 싸인 흰 옷자락이 나타난다. 어떤 이의 부드러운 노랫소리가 들린다. 시인은 갑작스럽고 이상한 전언을 듣는다. '용서.' 그녀가 그 말을 기억해내는 순간 결박된 모든 것들이 천천히 풀려난다. 숲은 "새벽빛을 깨닫고 일어설 채비"를 한다. 이 것은 결박에서 해방으로 나아가는 신이한 종교적 체험과 닮아 있다. 어둠에서 빛으로 변한다. 절망에서 희망으로 변한다. 분노에서 용서로 변한다. 단단한 나무 기둥에서 순결한 바람이 되어가면서 시인은 변화를 체험한다.

시는 육체적 구속에서 영적인 완전함을 지향해 가는 과정으로 나아간다. 질료 속에 있는 존재들은 그들이 끊임없이 스스로 소멸하고 소멸할 수밖에 없다는 것을 안다. 인간은 체험이 매 순간 불안정하고 덧없다는 사실을 인지한다. 하여 생의 고뇌를 만끽하는 자는 자신의 육체 안에 영적인 어떤 것을 향하고자 한다.

「밤에 용서라는 말을 들었다」에서 숲의 어둠과 그리고 여명의 새벽빛은 단순한 명암이 아니다. '어둠 속에서의 빛'이라는 명암의 전이를 넘어선다. 완성을 향해 가는 시간의 전이 과정을 반영한다. 영적인 삶으로 가는 그 길에서 존재가 통과할 수밖에 없는 것은 시간이다. 모든 것은 시간을 통과한다. 시간의 도움을 받아서만 완성점에 가까워진다. 그렇게 함으로써 역설적으로는 시간에서 벗어날 수 있다. 즉 피조물은 생의 시간성이 부여하는 것들을 대면해야 한다. 분노와 증오, 공포와 어둠, 절망과 결박. 그들과 대면하면서 비로소 자기 안의 진정한 신성을 드러낼 수 있다. 그렇게 함으로써 생의 불멸성을 획득할 수 있다.

그런 점에서 이진명의 시에서 어떤 알 수 없는 신비감이 나타난다. 이를테면 "내가 숲에 들어서기 전 그 숲이 신비에 어려 나를 바라본 것처럼 이번에도 또 다른 신비로 나를 바라보아주고 있었다"(「숲을 통과하다」)와 같은 구절. "동물도감에서 본 곰은 뚱뚱하고 말이 없다/(……)/푸르스름한 저녁 공기가 깊어질 때/(……)/그럼 곰은 제 동굴로 천천히 돌아가겠지, 돌아가서/그 눈만큼 까맣게 익어보지 않고는 누구도 모를 그런 잠을 준비할까/곰은 뚱뚱한 몸을 기웃이 여전히 말이 없고/아직도 덩굴 열매 한 알 손대지 않고 있다"(「곰」)와 같은 구절.

숲에 신비로움이 어려 있다. 곰의 둔중한 하중이 신이한 느낌을 준다. 이것은 이진명 시에서 형이상학적 직관을 느끼게 하는 부분이다. 실제 보는 곰이 아니라 동물도감에서 바라보는 그림 속에서의 곰이다. 곰은 열매처럼 까맣게 익은 눈동자를 가지고 있다. 푸르스름한 저녁 무렵 천천히 몸을 움직여 동굴 속으로 돌아간다. 깊은 잠을 자는 부동성을 보여준다. 덩굴 열매 한 알도 손대지 않는다. 무욕과 침묵의 순간들은 사물과 존재 안에 깃들어 있는 시간적 운명을 드러낸다. 그것을 지탱해내는 내적인 힘을 드러낸다. 시간을 초월하면서 충만에 이르는 한순간이다.

이와 관련하여 복자수도원 사람들 이야기가 있다. 성의(聖衣) 자락을 끌며 긴 복도를 나란히 지나간다(「복자수도원」). 바다숲에서 종신 서원하며 기도 생활하는 처녀들의 영산선원 이야기(「貞女의 집 영산선원」)도 있다. 이진명 시인이 희원하는 시간성이다. 존재의 고양에 대한 징후라 할 수 있다. 한 번도 그 안을 들여다보지 않았다. 잠깐이라도 열린 적이 없었다. 그나마 잠깐 열려 삐긋이 열린 곳을 숨죽여 들여다본다. 복자수도원은 크낙한 목련나무가 온몸을 다 가리고 있다. 영산선원은 뱃길이 다 끊어졌다. 황폐한 바닷가 마을이 된 옛 포구 마을에 있다. 그야말로 현실적 공간이 아닌 어떤 미지의 공간이다. 존재의 한계 너머에 있는 탈속의 공간이다.

이를테면 "푸르스레한 가운을 벗어 흰 벽에 걸고/복도 끝에서 부스스 일어날 때와 같이/뒷문으로 해서 부스스 사라"지는 여자가 있다. 자루걸레질 하는 여자의 생애가 있다. 그 여자가 밀고 간 조용하고 길게 빛나는 복도(「자루걸레질하는 여자 1」)가 있다. 생의 고뇌를 통과하면서 치러야 하는 자기 인내다. 고행적 자기 통제의 과정을 부조해내는 것이다. 복도를 걸레질하는 과정이 자신의 전 생애를 밀고 나가는 과정이다. 자신의 진실을 제련하는 과정, 집요한 자기 수양의 과정이다. 이 시에서 시인은 걸레질하기 위해 입은 청소복을 푸르스름한 신이한 빛으로 인식한다. 그녀는 뒷문으로 부스스 사라진다(존재적 신비감). 온전히 조용하고 깨끗한 복도로만 흔적이 남는다. 존재 순수화의 과정이다.

이진명의 시는 쓰다듬고 위로하는 시다. 남루한 삶의 진실은 생의 공허와 결핍을 측은지심으로 바라본다. 시인은 영혼의 가장 지고한 순간을 지향한다. 불연속적 존재를 뛰어넘는다. 존재의 어떤 절대 지대에 대한 염원을 향한다.

이러한 사실로 인해 나는 낯익은 내면성의 길을 발견한다. 빛을 향해 나아가려는 혹은 돌아가려는 낯익은 길이다. 이진명을 '수도승'으로 보게 하는 한 증거가 된다. 이진명은 자신을 다듬고 바라본다. 반성하면서 자신의 비밀을 찾아내려 한다.

구슬에 대한 생각은 수도의 과정을 드러낸다. "동그랗게 눈뜬 빛나는 것들," 빛나는 것은 자신을 든든하게 만들던 것이다. 절대적 침묵을 가지고 있던 것이다. 정신의 맑은 중심으로 집약하는 순수체다. 구슬은 빛나는 것이 아니라 빛나려는 어떤 힘이다. 구슬은 스스로 빛을 내는 발광체가 아니다. 쓰다듬고 매만지면서 빛난다. 빛나면서 단단해지는 진실이다. 그리하여

구슬이 가지는 투명함이란 극단적으로 존재의 부재다. 정적으로만 가득한 영산선원처럼, 푸른 가운을 벗고 걸레질한 여인이 부스스 사라진 깨끗한 복도처럼. 이진명의 시정신은 영혼의 수련 끝에 가 닿는 존재의 고요한 상태다. 시인은 투명함으로

써 영혼의 극점을 드러낸다. 그것은 수도의 매질을 통과한 자가 비로소 느끼는 사색의 끝이다. '질적 전환'이다. 인간이라는 불완전한 창조자가 '가까스로 발견한 평화'인 것이다.

어둠 속의 타전

조용미

1962년 경북 고령에서 태어났다. 1990년 『한길문학』에 「청어는 가시가 많아」 등을 발표하면서 작품 활동을 시작했다. 시집으로 『불안은 영혼을 잠식한다』 『일만 마리 물고기가 山을 날아오르다』가 있다.

보이지 않는 곳에서 누가
포도송이처럼 영글어가고 있는 나의 꿈을
뚝뚝 떼어내며 웅크린 내 잠에
확 불빛을 쏘아대었다

어디선가 물 떨어지는 소리가 들리기 시작하고
어둡고 따스한 잠 속에 끊임없이 울려오는
무거운 물방울 소리들

신성한 외로움에 빠진 나의
둥근 영혼을 누가 불안하게 하는가

물이 주르륵 흘러내리고
아직 단단해지지 않은 머리가 먼저
으깨어진다 세상에 대한 불길한 나의 사랑이
누군가를 붉게 물들인다
　　　　　　　　―「불안은 영혼을 잠식한다」[1] 전문

 인간이 단 한 번이라도 자기 자신과 만날 수 있다면, 그럴 수만 있다면, 그가 만나는 것은 바로 타자일 것이다. 자기 자신이라고 생각한 자의 존재가 경계에서부터 엷게 흐려져갈 때 비로소 자신과 만난다. 어둑신한 곳에 웅크리고 있는 타자. 어둠은 자신과 만나는 접점이 되곤 한다.
 조용미 시는 한 덩이의 어둠을 움켜쥐고 있는 시처럼 보인다. 단단하고 빛나는 어둠. 어두운 운명을 사는 시인들은 몸에 길을 낸다. 무덤 하나씩 지어놓는다. 그녀는 어둠 속에서 눈을 뜬다. 어둠 속을 휘저으며 살펴보려 한다. 그러나 어둠은 흩어지기는커녕 더 단단한 윤기를 발한다. 이 명백한 텅 빔. 텅 빈 자명함으로 어둠은 더욱 분명해질 뿐이다. 어둠은 무언가를 숨기고 있다. 아니 텅 비어 있음으로 무언가를 가리고 있다. 어둠 속을 들여다보면 볼수록 자기 자신이 사라진다. 타자로서 자신이 드러난다. 어둠과의 대면, 이 순간이

---

[1] 조용미,『불안은 영혼을 잠식한다』, 실천문학사, 1996.

야말로 자기 자신이 사라지면서 동시에 드러나는 그 교차의 극점이다.

일종의 구근이라고나 할까. 풍성하게 자라는 나무를 땅속에서 지탱하고 있는 것은 어둠이다. 땅속에 묻혀 있는 구근, 그것은 묻혀 있어 보이지는 않지만 매몰된 기억처럼 오히려 강력한 환기를 유도한다. 구근은 바슐라르의 말대로 대지의 어둠을 장악한다. 어둠의 기억이다. 삶과 죽음의 기이한 종합인 것이다.

조용미 시는 어둠에서 타전해오는 소리를 듣는 데서부터 시작한다.

> 따르르릉
>
> 혼미한 꿈을 두 쪽으로 가르며
> 내려치는 소리의 벼락
> 그 벼락의 傳言을 뚫고
> 어둠 속을 가로지르는 희미한 손
>
> 방에 고여 있던 점액질의 어둠이
> 새카맣게 타들어가고
>
> 딸깍

수화기 속으로 단내를 내며
　　　떨어져내리는 빗방울 소리들
　　　비가 듣는 어둠 저편에서 누가
　　　망설이다
　　　마음을 바꿔먹고 쓱 얼굴을

　　　지워버린다 잠에서 깬 마음이
　　　영문을 알지 못한 채
　　　길 한가운데 불려나와 있다
　　　　　　　　　—「어둠 속에 벨이 울릴 때」 전문

 어둠 속에서 전화벨 소리가 울린다. 잠들어 있던 시인을 화들짝 깨운다. '따르릉' 소리는 밤의 인공 건축을 흔든다. 수학적으로 잘 구조화해놓은 밤의 견고함을 갑자기 흔들어놓는다. 혼미한 꿈을 가르며 고고한 밤의 공학성을 파괴한다. "따르르릉" 안정된 질서를 깨뜨리며 달려드는 어둠의 습격. 그러나
 수화기를 드는 순간 "딸깍" 전화 끊어지는 소리, "떨어져내리는 빗방울 소리" 같다. "어둠 저편"의 누군가가 "얼굴을//지워버"리듯 수화기를 놓아버린다. 어둠 저편에 있는 그는 누구였을까. 잊어버린 수천 미터 땅속 광맥에서 타전해온 그 어둠의 밀사는 무엇을 말하고 싶어하는 걸까. 망설임과 침

묵. 어둠은 다만 자신이 존재하고 있다는 것을 알린다.

어둠은 이렇게 갑작스럽게 기습한다. 잊었던 원시의 무덤을 열어젖히며 거기에서 잊었던 망령들을 일으켜 세운다. 이 불멸의 전사와 투쟁에 나설 사람은 어디에 있는가. 시인은 다만 "영문을 알지 못한 채/길 한가운데 불려나와 있다." 어둠은 영문을 알 수 없는 거대한 심연처럼 잠든 사람을 일으켜 세운다. 그리고는 쓱 사라지고 만다. 텅 빔일 뿐이다.

한밤중 시인의 잠을 깨우는 "어둠 저편"에서 보내온 전언은 도달할 수 없는 미지의 것이다. 윤곽도 형태도 없다. 바닥도 천장도 없다. 시인이 잠에서 깨어 결국 놓이게 되는 곳은 적막한 어둠의 공허다. 어둠은 비어 있는 검은 구멍을 들여다보게 할 뿐이다.

> 한때 어둠 속에 있는 것들이 꾸는 은밀한 꿈을 나는 들여다보려 했다
> 어둠 속에서 어루만지게 되는 풍경과 소리 없는 존재들,
> 어둠이 각인시킨 기억은
> 불에 덴 자국을 남기며 오래 그것을 들추어보게 한다
> ─「어둠 속」부분

어둠은 "확 불빛을 쏘아"(「불안은 영혼을 잠식한다」)댄다. 내 꿈을 가르고 내 살에 화상을 입힌다. 어둠은 끔찍하고 고

통스러운 화인의 상처를 환기시킨다. "어둠이 풀어놓는 세계는 눈부셔 거기에 빛을 조금이라도 떨어뜨리면"(「어둠 속」) "웅웅"거리는 존재 안의 동혈을 다 보여준다. 그것은 몸 안에 망각되어 있는 구멍들이다. 어둠은 불을 밝혀 몸 안의 흉터(「흉터」)로써 길을 낸다. 몸 어딘가를 통증처럼 화끈거리게 한다. 시인은 몸에 난 상처를 "총에 맞은 짐승처럼/고개를 숙여 그곳을 들여다본다"(「몸의 어딘가에」). 조용미 시는 이 숨겨진 어둠 속에서 들여다보는 흉터의 내시경인 것이다.

조용미의 시는 어둠에 관한 시들로 가득하다. 그녀는 어둠의 시인이다. 이러한 어둠의 흥기로 인하여 시인은 불면의 시인일 수밖에 없다.

문득, 눈을 떴다 ——「몸의 어딘가에」 부분

빛과 어둠 사이에서 〔……〕 오래 서성인다
——「어둠 속」 부분

시인은 자주 불현듯 잠에서 깬다. 어둠 속에 앉아 있다. 불면은 낮과 밤을 번갈아 세워놓은 신의 질서를 거역하는 것이다. 잠잘 시간에 낮처럼 환히 의식의 불을 켜놓는 행위다. 밤의 자리를 차지한 낮이다. 불면은 낮과 밤을 뒤섞은 카오스의 상태를 만들어놓는다. 가사의 잠듦과 의식의 깨어 있음은 완벽한 혼돈이다. 생과 죽음, 그 이중성의 공존이라 할 만하다.

불면으로 깨어 있는 시인은 어둠이 빛과 섞여 있는 그곳에 있다. 몸에 숨겨둔 기억들이 크게 숨을 쉬며 부풀어오른다. 부유하는 익명성 위에 놓인다. 불면은 혼돈 속에서 희미한 기억들의 내용물을 채운다. 기억은 어둠 속에서 불면을 채우는 불쏘시개인 것이다.

그러나 시인은 그 어떤 자의 얼굴도 볼 수 없다. "어둠 저편"의 "누구"처럼(「어둠 속에 벨이 울릴 때」), "궁금한 누군가 보이지 않는다"(「下官」), "보이지 않는 곳에서 누가"(「불안은 영혼을 잠식한다」), "어딘가 물 떨어지는 소리 크게 울리는 동굴"(「어둠 속」). 어둠은 보이지 않는 익명성의 얼굴일 뿐이다. 그것은 하나의 이미지이며 단지 이미지로 머무른다.

단순한 상징, 실은 이 거대한 무의 상징이야말로 현실 자체를 표현하는 것이다. 현실은 거대한 흡반처럼 놓인 어둠이다. 점액질의 시간이 끝없이 표류하면서 만들어지는 어둠의 세계인 것이다.

「불안은 영혼을 잠식한다」는 이 기이한 어둠에 대한 시다. "보이지 않는 곳에서 누가/포도송이처럼 영글어가고 있는 나의 꿈"을 떼어낸다. 잠에 "확 불빛을 쏘아대"며 잠을 깨운다. 시인은 선사 시대 거대한 동굴 앞에 서 있다. 어린아이처럼 서 있다. 어둠의 동굴 안 "어디선가 물 떨어지는 소리가

들"린다. 어둡고 따뜻한 잠 속에서 물방울 소리가 끊임없이 울려나온다.

잠에서 깨어난 자가 불현듯 빠지는 불안은 어느 것보다 감미롭다. 감미로운 불안이다. 어두운 동굴이 입을 딱 벌리고 있다. 아이들은 흔히 그들의 열망에 이끌려 어두운 동굴을 향해 나아간다. 동굴은 두려우면서도 호기심을 불러일으킨다. 어둠의 구멍은 약속과 위협으로 가득 차 있다. 어둠은 시인의 둥근 영혼을 불안하게 한다. 하지만 동굴은 마치 무덤에서 막 살아나온 나자로를 생각나게도 한다. 죽음에서 생으로 다시 생 앞에 미래처럼 놓여 있는 죽음을 연상시킨다. 시인은 이 신성한 불안과 외로움을 들여다본다.

어둠 속에는 무언가 모호하고 파악할 수 없는 것이 보인다. 너울거리는 것이 보인다. 출렁거리며 굴러다니는 공허 같기도 하다. 시인은 신비하고 형언키 어려운 불안의 정체를 찾으려 한다.

물이 주르륵 흘러내리고
아직 단단해지지 않은 머리가 먼저
으깨어진다 세상에 대한 불길한 나의 사랑이
누군가를 붉게 물들인다

신성한 불안은 한밤중에 너울거리는 물고기 같다. 모든 것을 액화한다. 이 '밤의 어항' 속에서 시인은 부유하는 유연한 물고기처럼 머리가 으깨어진다. "물이 주르륵 흘러내"린다. 혼돈의 액즙이다. 밤은 신비한 공포와 불안한 예감으로 가득하다. 정감의 뜻하지 않은 기억들이 서로 충돌한다. 돌발적 시간을 맞게 한다. 그녀의 뇌는 잠든 꽃들의 꿈처럼 흘러간다. 공기 속에서 너울거리며 어둠 속으로 흘러넘친다. 이 혼돈의 틈새야말로 견고한 현실의 벽을 깨는 완강한 혼돈의 힘이다. 끝없이 울려오는 "물방울 소리"는 우주의 갈라진 틈의 소리다. 그 깊숙한 곳, 어둠의 분화구에서 흘러나오는 소리다.

시인의 머리가 으깨어지면서 일어나는 착란의 상황은 나를 전염시킨다. 황홀한 혼돈과 신비한 불안은 세계를 전염시킨다. 묻혀 있는 어둠의 광휘가 흘러나와 "누군가를 붉게 물들인다." 시인의 뇌가 부수어지면서 누군가에게 붉게 스며든다. 이 "불길한 사랑"이야말로 세상에 대한 시인의 시적 영감이 아닌가. 그것은 어둠이 가지고 있는 창조의 힘이 아닐까.

어둠은 보이지 않는 음울한 힘으로 떠돌며 환상의 힘과 결합한다. 어둠이 주는 신비로운 불안은 생이 주는 불가해한 불안이다. 동시에 삶에 대한 갈망이다. 모든 창조의 꿈이 분출되는 의식 과잉의 공간이다.

조용미의 시에서 거대한 어둠은 "하늘과 산과 나의 고개 숙인 얼굴"을 붙들기도 하고 "치마를 뒤집어쓴 젊은 여자"를 집어삼키기도 한다. "시퍼런 물에 썩지도 않고 눈뜨고 있는 사람"(「저수지」)이 있는 저수지 공간으로 형상화되기도 한다. "물의 검은 입," 저수지는 모든 것을 삼킨다. 눈을 뜬 채 누워 있는 어두운 구멍이다. 그러나 그 속을 들여다보는 사람, 그 "비밀을 보아버린 사람은 항상 죽은 자이다"(「저수지」). 시인은 검은 어둠과의 대면 속에서 미지의 세계에 참여하는 영혼의 압류를 느낀다.

사실 존재는 자신이 불안정하고 복잡한 접촉을 느낄 때, 비로소 갑자기 인식된다. 하여 "불안은 영혼을 잠식한다." 불안이야말로 가장 매력적으로 영혼을 지배한다. 그것은 자신을, 자신의 영혼을 느끼게 하는 그 접착점이다. 접점, 불안은 존재가 자신을 의식하는 거대한 소용돌이다. 존재가 의식의 부침을 되풀이하게 되는 격렬한 경계다.

조용미는 어둠 속에서 빛의 세계로 타전을 보낸다. '어둠의 밀사' 같다. 그녀가 보내오는 타전의 암호는 무엇인가. 어둠이 가르쳐주는 교훈은 무엇인가. 어둠의 벌레들은 블랑쇼 말대로 낮의 세계에 속한 우리들에게 다가온다. 어둠의 벌레들은 우리가 그들과 한 공동체임을 알려준다. 그들은 우리에게 찾아와 우리가 어둠의 사람임을, 아니 어쩌면 이미 죽은 자일지도 모른다는 것을 말해준다. 우리가 실은 유령이었음을, 묻어둔 깊은 망각을 일깨우는지도 모른다.

그러나 어둠이 보내오는 기이하게 달콤하면서 공포스러운 불안을 어떻게 해석할 수 있는가. 어둠은 예술적 창조를 여는 힘이다. 그러나 우리는 어둠의 비밀을 알아낼 수는 없다. 도달할 수 없는 극단의 모호함으로 그 모호의 충만함으로 우리는 어둠을 느낄 뿐. 오르페우스가 뒤돌아보는 순간 에우리디케가 사라지듯 우리는 어둠을 만질 수 없다. 그녀/어둠은 그렇게 닫힌 육체처럼 봉인되어 있다. 시는 감추어진 신성함을 말해주는 비밀스러운 노래인 것이다.

마음의 교신

천양희

1942년 부산에서 태어나 이화여대 국문과를 졸업했다. 1965년 『현대문학』을 통해 등단했다. 시집으로 『신이 우리에게 묻는다면』, 『사람그리운 도시』, 『하루치의 희망』, 『마음의 수수밭』, 『오래된 골목』이 있다. 소월시문학상, 현대문학상을 수상했다.

바람 부는 날입니다. 숲그늘이 어룽대면서 계곡이 웅성거립니다. 바위는 입을 다문 채 물끄러미 물길을 배웅합니다. 절벽들이 오래 산허리를 꺾고 나뭇잎들의 속이 파랗게 질려 있습니다. 바람 잘 날 없는 것들의 하루가 길어집니다. 이젠 잡목숲에 머무르는 것이 두려워지지 않습니다. 아직 귀가하지 못한 사람들이 산길을 쓸며 지나갑니다. 한때의 낙엽들 썩었던 거, 땅 끝 어디로 쓸렸는지 발 한쪽을 헛디딥니다. 언덕이 따라가는 산정은 높았으나 산자락 끌고 내려가는 물은 평등합니다. 지금까지 우릴 지켜낸 건 마음끼리 튼 길이었습니다. 슬픔도 친숙해지면 불행 속에서도 기뻐하는 자 있을 것입니다. 능선을 타고 골수까지 찌르르 내려오는 찌르레기 소리 골짜기만큼 깊어집니다. 제 깊은 속에다 칭얼대는 새끼들을 품은 까닭입니다. 골이 너무 깊어 숨는 벌레들은 땅껍질을 뚫는 유지매미들을 모를 것입니다. 나는 둥근 새장 하나 등처럼 내다 걸고 기다립니다. 제 모양이 둥글어지길 기다리는 것이 너무 오래 기다린 사랑일 것입니다. 바람 부는 날입니다. 웅웅거리는 삶의 송전탑 위로 하늘이 더 넓어지고 있습니다. 다시 마을로 내려갈 것입니다. 살아야 할 일이 남아 있기 때문입니다.

─「바람 부는 날」[1] 전문

천양희의 시를 읽고 있으면 문득 마음 문고리가 덜커덩한다. 마음 문짝이 한순간 바람에 펄럭한다. 천양희 시는 마음에 이는 풍랑같이 고요한 가운데의 움직임이다. 그 내적 움직임이 파문을 준비한다. 천양희의 시가 잃어버린 마음을 찾아가기 때문이다. 마음의 유랑을 보여주는 '마음의 행로'이기 때문이다. 유랑하는 마음은 정처가 없다. 시인은 마음에 끝없는 길을 만들 듯 여행을 떠난다. 산과 강을 찾아다닌다. 마음은 건들거리며 수수밭 소리를 낸다. 목탁새들처럼 우짖기도 한다(「마음의 수수밭」).

사실 그녀의 마음은 끊임없이 흐른다. 동해로 소리봉길로 무주로 직사포로. 천양희의 내부에는 끊임없이 갑작스러운 상념들이 흐른다. 상념은 시인을 떠나게 하고 머물게 한다.

---

[1] 천양희, 『마음의 수수밭』, 창작과비평사, 1994.

헤어지게 하고 돌아오게 한다. 시인의 여행과 행보는 여기서 비롯된다. 그러니까 그녀의 시는 마음속에 어리는 감탄스러운 것, 한숨 섞인 것들, 명료하게 떠오르지 않는 것, 영혼 깊숙이 숨어 있던 사랑과 증오에 대한 비밀스러운 여정이다.

    마음이 또 수수밭을 지난다. 머위잎 몇 장을 더 얹어 뒤란으로 간다. 저녁만큼 저문 것이 여기 또 있다.
    [……]
    바람은 자꾸 등짝을 때리고, 절골의
    그림자는 암처럼 깊다. 나는
    몇 번 머리를 흔들고 산 속의 산,
    산 위의 산을 본다. 산은 올려다보아야
    한다는 걸 이제야 알았다.   —「마음의 수수밭」 부분

마음 위에 몇 장의 머위잎을 더 얹는 것은 무엇인가. 시인은 마음 깊이 숨겨진 것들, 들끓는 열정과 분노를 덮기 위해 머위잎 몇 장이 더 필요하다. 마음은 저녁만큼 저문 "작은 어둠 덩어리"이다. 시인은 마음을 감히 건드리지 못한 채 마음이 지나가는 그 자리를 따라간다. 마음이 우수수 쏟아지며 흔들린다. 시인의 마음밭에 바람이 분다. 세월의 그림자는 깊어간다. 시인은 어둡게 소리를 내는 마음을 감싸 안는다. 머리를 몇 번 흔들며 마음의 고지인 산을 올려다본다. 마음

의 깨달음을 찾는 '순례자'처럼.

시인은 마음의 고원 지대, 어둠이 씻기는 그 정화의 지성소(至聖所)를 찾고 있다. 솔바람 속을 지난다. 마음에서 우짖는 목탁새의 울음 소리를 듣는다. 시인은 비로소 절벽을 오른다. 천불산(千佛山)이 몸속에 들어와 마음의 수수밭이 환해진다. 천양희 시는 어둠의 덩어리인 마음에 등불 하나 다는 것이다. 환하게 등 하나 내걸기 위해 시인은 거대한 침묵 같은 마음의 구석을 찾아다닌다. 이것이 시인의 여행이다. 움직이는 마음의 피할 수 없는 움직임, 운행이라 할 수 있다.

시간은 독특하고 견고하게 얽혀 짜이면서 시인에게 끊이지 않는 내적인 움직임을 들여다보게 한다. 세월은 바람처럼 질주한다. 바람처럼 지치지도 않는다. 시인에게 나이가 들어간다는 것은 마지막 남은 추위와 같은 것이다. 천양희 시인은 세월의 안팎 속에서 자신이 고독하게 키워온 상처와 더께를 들여다본다.

가깝고도 먼 것이 무엇이었더라. 원근리에 머무는 마음이여. 길 한쪽이 나를 당긴다. 꼬불꼬불한 것은 길만이 아니다 내 속의 산맥들 그리고 능선들. 원근리는 몰래 나를 알고 있어서 마음의 명암까지 뭉클해진다. ―「원근(遠近)리 길」부분

시인의 마음속에 수많은 길의 갈래들이, 산맥이, 능선이

자리한다. 가깝고도 먼 길들이 시인의 마음속 명암을 만들어간다. 시인은 언제나 마음속의 길을 떠나는 순례자다. "길은 가까웠다 멀었다"한다. 저물녘에는 "마음의 경계 너머 다른 길에 멈"추기도 한다. 비로소 세상 속을 가로질러 "길 끝과 마음 끝이 나란히" 서 있는 마음속의 저녁길. 시인은 마음의 길 그 끝에 가닿기 위해 길가기의 치열한 여정을 멈추지 않는다. 그것은 마치 눈물의 끝, 고독의 최후에 가 닿고자 하는 고고한 정신적 고투처럼 보인다. 그녀의 시는 이 마음의 고독한 끝을 찾아가는 견고한 여행자의 독자적 가치를 지닌다. 천양희의 시는 마음의 외롭고 도도한 외로움의 끝에서 배태된다. 머뭇거리며 잉태되는 방랑의 편력기라 할 수 있다.

   길이 너무 꾸불텅하다. 소리봉은 어디쯤일까. 나는 멈칫거리
  며 두리번거린다.　　　　　　　　　　　　—「소리봉길」부분

 시인은 소리봉길을 찾아가면서 몇 번이나 멈칫거린다. 두리번거린다. 길은 어지럽다. 골목을 빠져나왔지만 벌써 땅거미가 진다. 앞길은 언제나 막막하다. 시인에게 길은 언덕길이며 꾸불텅한 길이며 가파른 길이다. 시인의 길은 미로 속이고(「미아리 엘레지」) 안개 속(「너에게 부침」)이다. 갈 길을 알 수가 없다. 헐떡거리며 도착한 절의 입구는 목하 보수

중이라 쓰여 있다. 그러나 "헐은 내 마음은 수고로워 몇 년째/보수할 길이 없다"(「山行」). 길을 간다는 것은 인간 내면의 실존적 지점을 향하는 탐색이다.

사실 길만큼 엄격한 것도 없다. 길은 인간을 오직 앞으로만 내몬다. 길 위에서는 오직 경제적 공리가 통한다. 목표를 향해 가장 짧은 시간에 가도록 노력하는 것. 이것이 '길의 경제학'이다. '고속도로'의 길이다.

때로 오솔길이나 시골길은 사색을 제공한다. 이리 비틀 저리 비틀 유연한 곡선을 그려간다. 꾸불꾸불 뻗어가고 있는 길은 직선적인 기능을 거부한다. 놀이의 공간을 우리에게 제공해준다. 그러나

길은 스스로 자신을 만든다. 길이란 원래 없는 것이다. 걸어다니는 사람이 많이 있으면 그것이 곧 길이 된다. 즉 길은 따로 있는 것이 아니라 걸어가면 길이 된다. 사람들은 자신의 길을 하나의 전형(전범)으로서 길을 만들어간다.

한편 길이 있기에 인간은 또 방황할 수밖에 없다. 길은 우리를 유혹한다. 길은 언제나 낯선 곳으로 우리를 이끌어간다. 길이 많으면 결국 길을 잃을 수밖에 없다. 미아는 미아이기 때문에 한곳에 서 있을 수 없다. 숙명이다. 미아는 노력할수록 점점 애초에 서 있던 그 골목에서 멀어져간다. 점점 더 방황하는 것이다. 더더욱 깊숙이 낯선 길로 떠돌아다니기 마련이다. 그래서 길은 고독하다 할 수 있다. 타인과 영원히 같

이 걸을 수 있는 길이란 애초부터 없다. 혼자 걸어야 하는 길, 미아처럼 울면서 혼자서 찾아다니는 길, 그것이 바로 고독한 인간의 길이다. 그러나

이 모든 길에 대한 명상 끝에 우리가 도달하게 되는 것은 길은 하나라는 사실이다. 우리 앞에 여러 갈래의 길이 있지만 우리가 걸을 수 있는 길은 하나다. 그것은 현실적인 의미에서나 인생에 있어서도 다를 바가 없다. 몸이 하나이므로 현실적인 보행도 하나밖에 없다. 인생의 길에서도 우리의 정성을 다 바쳐 헌신할 수 있는 '전적인 길'은 외가닥 길이다. 우회하고 방황하는 것 또한 하나의 길이다. 길을 찾기 위한 방황이 곧 길을 만든다.

한국 전통 사상을 천지인(天地人)이라고 할 때 천양희는 가장 한국적인 길을 시에서 형상화한다. 산을 향하는 하늘의 길과 세상으로 나 있는 땅의 길, 그리고 시인의 마음이 가야 할 길이다. 마음의 길은 고독한 순례자처럼 떠나고 머뭇거리는 길이다. 방황하는 길이다. 헐벗은 마음의 길을 찾으며 시인은 덮어둔 상처를 다시 만나게 된다. 세상에서 베인 마음의 눈물들을 어루만지고자 한다. 김헌선이 말하는 천양희 시의 "비극적인 아름다움"이다.

「바람 부는 날」은 그 마음의 지도를 펼쳐서 보여준다. 여정의 연대기라 할 만하다. 마음의 수수밭에 바람이 불어 수수가 흔들린다. 마음의 상흔을 흔들어놓는다. 그러나 시인은

실존적 고독을 견인해내려 한다. 의지는 끈질기며 열정은 치열하다. 현실의 고단한 피로와 정신적 모멸감을 가까스로 차단해내고야 만다. 삶은 시인을 모래바닥으로 내팽개칠지도 모른다. 그러나 시인은 삶의 절망적 패대기침을 박차고 일어난다. 산행 길을 떠난다.

바람이 부는 날은 존재와 세계에 대한 경직성이 풀어진다. 시간 속 운명을 들여다보게 한다. 주체와 세계는 조심스럽게 자신을 열어 서로 보이게 한다. 바람 부는 날은 생존 투쟁의 필연적 공존의 변증법을 밀쳐두게 된다. 생에 대한 투시적 느낌을 갖게 된다. 주체 마음의 섬세한 움직임을 바라볼 수 있기 때문이다.

시인은 마치 기도처럼 존대법을 시적 어법으로 구사한다. "바람 부는 날입니다/숲그늘이 어룽대면서 계곡이 웅성거립니다." 내면을 들여다보려는 자는 삶에 대하여 겸허해질 수밖에 없다. 인간이 자신이 인간이라는 사실을 확인하는 것은 곧 수치스러운 존재라는 것을 알게 되는 것이다. 살아가는 것은 끝없는 자기 열패감의 공회전적 반복이다. 그것에 대한 죄씻음의 과정이다. 속죄와 고해의 나열이다. 늙어간다는 것은 자기 용서를 배워가는 것이다.

하여 천양희 시는 짧은 단문 형식들이 잦다. 아픔을 삭이는 일종의 기도 형식이다. 그녀의 언어는 자기 수련의 고행 과정과 닮아 있다. "바람 부는 날입니다. 〔……〕 웅성거립니다. 〔……〕 배웅합니다. 〔……〕 질려 있습니다. 〔……〕 길어집니다. 〔……〕 두려워지지 않습니다. 〔……〕 지나갑니다." 바람 부는 산길을 오른다. 숲그늘이 어릉거리는 계곡을 보고 바위를 본다. 낙엽이 썩어가는 것, 흘러가는 물길을 본다. 시인은 모든 것을 고행 기록의 과정처럼 중얼거린다. 마음 수련의 기도문처럼 독백한다.

시인은 마침내 "지금까지 우릴 지켜낸 건 마음끼리 튼 길이었습니다"라고 말한다. 결국 시인은 "마음끼리 튼 길"에서 삶의 부하(負荷)감을 벗어버린다. 시인이 찾고자 하는 길은 마음이 마음끼리 만나 그 사이에 마음의 길을 트는 것이다. 마음과 마음 사이에서 만들어지는 틈새, 그 틈새의 길이다. 그것은 바로 '사랑'이라 할 수 있다. 연대감이라는 운명, 시인은 슬픔도 기뻐할 수 있다. 새끼를 품는 찌르레기 속 깊은 울음 소리를 감지해내기도 한다.

시인은 비로소 자기 마음속에 품고 있던 마음의 빗장을 연다. 조그마한 "둥근 새장 하나"를 내다 건다.

  나는 둥근 새장 하나 등처럼 내다 걸고 기다립니다. 제 모양이 둥글어지길 기다리는 것이 너무 오래 기다린 사랑일 것입니다.
  　　　　　　　　　　　　　　—「바람 부는 날」 부분

마음속 억압과 고립을 세상 비추는 "등"처럼 내다 건다.

개체적인 실존을 둘러싼 전체성이 드러난다. 자기 안에 있던 어둠이 주체적으로 진화되어 자신을 비추는 '빛'이 되는 것이다. 시인은 고독 속으로 웅크리고 원환 속에서 영글어 있다고 말한다. 시인은 자신의 모양이 오랫동안 기다린 사랑의 둥근 모습이라고 말한다. 바슐라르는 고독한 존재의 응집이 둥근 세상의 원환을 닮아간다고 말한다. 시인의 고독은 새장처럼 둥글어져 있다. 그것은 오랜 인고의 사랑으로 숙성된다. 세계에 주어진 자신을 투시함으로써 깨닫는 각성이다. 시인은 자신을 세상 밖에 내다 걸기로 한다. 그렇게 하여 시인은 마을로 다시 내려간다. 이제 살아야 할 일이 남아 있다.

이 주체의 전화 과정은 천양희 시의 살풀이 과정을 전형적으로 보여준다. 천양희 시는 삶의 폭력성에 대한 절대적 외로움에 기인한다. 이때 시인은 본원적 고독을 직면하고 살풀이하고자 한다. 살풀이는 실존적 '실천'이다. 방황과 머뭇거림, 길찾기의 구도 과정, 존재적 슬픔과 수치감 속에서 시인은 구경의 경지를 찾는다.

그렇게 하여, 천양희가 망설이며 헤매던 여행 끝에 가 닿게 되는 곳은 어디인가. 그것은 절대적 이념이나 가치로서의 하늘로 향한 길이 아니다. 그것은 다시 세속과 야욕의 세상으로 내려오는 길이다. 자기에게로 돌아오는 길, 이 길이 내면 탐구의 경지이다. 그러나

이 구극(究極)의 과정에서 느끼게 되는 것은 자아와 세계

의 변증법적 교호다. 이것은 '당긴다'라는 동사가 갖는 역학적 동력과 관계한다. 시인은 이 세상의 길과 하늘을 향하는 길이라는 양쪽 저울의 두 힘의 극단에 있다. 한쪽을 당겨 한쪽의 힘을 유지하려는 그 '반동의 힘'으로 살아내려 한다. 하늘의 바람이 힘차게 불면 얼레를 더 풀어야 한다. 더 높이 가오리연이 오르도록 해야 한다. 다시 바람이 잦아들 즈음 얼레를 감아야 한다. 시인은 연날리기(『오래된 골목』에서 「어느 한 사람의 산책길」)처럼 자아와 세계의 팽팽한 긴장 관계 속에 놓여 있다. 시인은 끝없이 무언가를 당긴다. 그 당기는 힘으로 무언가를 더 높이 올려야 한다. 시인은 '정신적 반동의 힘'을 추구한다. 자신을 내면으로 더욱 당김으로써 더 높이 풀려 올라가 해방될 수 있다.

시인은 바람에 마음의 행로를 맡기면서 다시 바람 속에서 마음의 얼레를 놓치지 않으려 한다. 당김과 풀어줌의 긴장, 이것이 천양희 시에서의 고고함이다. 정신적 긴장과 기품을 느끼게 하는 핵심이다. 시인은 "신이여, 부러지도록 나를 당기소서/다시 부러지도록 힘껏 당기소서"(「나를 당기소서」)라고 말한다. 세상을 자기 안으로 당기는 힘으로 세상에 나아가려 한다. 튼튼한 연줄의 원심력과 구심력의 힘이 삶의 저주와 치욕을 버팅기는 힘이다. 결국 천양희 시에서 당김은 삶에 대해 팽팽한 긴장과 지적 균형을 유지하려는 힘이다.

정신적 긴장은 실은 고독한 방랑자만이 지탱하는 견인력

이다. 삶에 대해 긴장하지 않는 자는 유랑할 수도 없다. 얼레에 감긴 단단한 삶을 당기며 시인은 사유한다. 치열한 고독을 사유한다.

천양희 시의 개성은 말의 흐름을 이어가는 역동적 구사에 있다. 시인은 단아한 서술형 어법을 반복적으로 구사한다. 독법에서의 리듬을 주고 있다. 짧은 존대어법 문장은 산행할 때의 빠른 호흡을 느끼게 한다. 정신적인 것과 교신하고자 하는 수직적 지향을 가속화한다. 순례자의 간절하면서 절박한 기도처럼 진솔한 교감의 정서를 독자에게 주고 있다. 짧은 문장의 발 빠른 전개와 산행 진행의 속도가 함께 이루어진다. 시인은 세계에 대하여 팽팽한 반동적 동력을 얻고 있다.

시적 대상을 시인 내면의 상관물로 처리해나가는 방식도 독특하다. 고독의 물질화, 사물화를 이룩해가는 방식은 절제된 호흡의 품위가 있다. 무엇보다 생에 대한 긴장을 첨예화해나가는 시인의 절실함이 시에 울림을 준다.

그럼에도 가끔씩 깊이 없는 언어 유희가 눈에 띈다. 시의 유기적 구조에 기여하지 못한 채 흘러나와 시의 격을 떨어뜨려놓는다("미아리 부근을 미아처럼 걷는다"〔「미아리 엘레지」〕, "골목은 왜 막다르기만 한 것일까/골과 목이 꽉 막히는 것 같아/엉거주춤 나는 길 안에 섰다/골을 넘어가고 싶은 목을 넘어가고 싶은 골목이/담장 너머 높은 집들을 올려다본다"〔「오래된 골목」〕). 혹은 "정신은 오를수록/높이가 더 높을 것이니까"(「알피니스트」), "높은 것만이 이상은 아니라고/흐르는 물이 말하네"(「청사포에서」), 진부한 잠언이다. 손쉬운 해탈의 포즈화나 피상적 언어 유희일 수 있다. 그것은 극단적 자기 대결 속에서 언어와 싸워가야 할 시인의 과제다.

예감과 마술

이수명

1965년 서울에서 태어나 서울대 국문과를 졸업하고 이화여대 대학원 여성학과를 수료했다.
시집으로 『붉은 담장의 커브』『왜가리는 왜가리 놀이를 한다』
『새로운 오독이 거리를 메웠다』가 있다. 박인환문학상을 수상했다.

집에 오면 늘 이가 빠졌다. 그는 빠진 이빨들을 화장실 물컵에 넣어두고는 거울을 보며 텅 빈 입으로 웃었다. 아침이면 그것들을 하나씩 차례로 끼고 외출을 했다.

 어느 날인가 몹시 피곤하여 돌아온 날 밤 그는 화장실에서 이상한 소리가 들려 잠을 깼다. 일어나 가보니 이빨들이 컵에서 나와 똑딱거리며 몸을 부딪쳐가면서 춤을 추고 있었다. 참 재미있겠구나. 나도 끼워줘. 그의 말에 이빨 하나가 대답했다. 어서 들어와. 그는 춤을 추었다. 그러자 이빨들이 컵 속으로 모두 들어가버렸다.

 그는 가방 가득 물건을 팔러 다녔다. 언제나 열심히 일했지만 그의 물건을 사려는 사람이 별로 없었고, 가방은 아침이나 저녁이나 무거웠다.

그가 죽었을 때 그의 가방과 가방 속에 있던 물건들은 이리 저리 흩어졌지만, 화장실에 있던 이빨들은 그와 함께 묻혔다. 그는 밤마다 이빨들과 함께 춤을 추었다.
—「이빨들의 춤」[1] 전문

　인간은 자신이 인간임을 인지하자마자 세계에서 상실된 존재라는 것을 깨닫는다. 이것은 어떤 원죄 의식과 관련된다. 원죄 의식은 인간 내부에 도사리고 있다. 인간은 스스로 자신의 근거를 제거해버림으로써 비로소 개체성을 획득하게 되기 때문이다. 얼마나 지독한 역설인가. 이것은 프로이트의 거울 단계에서 이미 확인되는 바다. 근대적 주체의 형성 단계에서 이미 들어온 낯익은 것이다. 인간이 대상을 인지하고 자각하게 된다는 것은 근거 상실이다. 상실의 파편화를 경험하는 과정과 상응한다. 에덴 동산에서 선악과 열매는 악의 열매다. 동산에서 쫓겨나게 하는 근거 상실의 열매다. 동시에 사물을 인식하게 하는 인지의 열매다. 태초의 인간은 스스로 눈이 밝아져 벌거벗은 존재라는 것을 알게 된다(개체 인식). 그럼으로써 신의 영토(근거)를 떠나게 된다.
　하여 어떤 존재가 좀더 의식적이면 의식적일수록 그는 존재 추구에 휩싸인다. 그는 정신의 공허한 구성물 속에서 실

---

1) 월간 『현대시』, 2003년 1월호.

재의 근거를 추구하려 하기 때문이다. 자신의 본질을 찾고자 하는 근원적 욕구이기도 하다. 문학은 이러한 본질에 가 닿고자 하는 존재의 치명적인 질주라 할 수 있다. 하여 문학은 일종의 균형에 대한 추구라 할 수도 있다.

우리가 믿고 신뢰하는 실재들로 말미암아 배제된 것들이 있다는 사실이다. 실재를 선택함으로써 필연적으로 추방된 비실재가 있다는 사실이다. 비실재를 찾는 작업은 상실된 파편을 찾는 작업과 일치한다.

그런 점에서 시인은 의식 너머의 무의식에 의해 소명받은 자다. 근거 추적을 위해 호명된 자다. 융은 문학이 모태로의 하강이라고 말한다. 의식의 기초를 이루고 있는 비합리적 행위의 소산이라고 말한다. 문학은 설명될 수 없는 기이한 것들의 소산이다. 상상하는 그 모든 것은 일반적 규정을 완강하게 거부하는 것들이다. 불협화적인 긴장, 신비스럽고 모호한 정념과 기이한 상상의 발동들. 그러니까 문학이야말로 그 비밀스러운 영역에 도달하고자 하는 절대적인 힘이다. 미지에 닿을 것 같은 예감의 직물이라 할 수 있다.

예감들, 이수명의 시는 불현듯 일어나는 예감의 다채로운 형광체라 할 수 있다.

이수명의 시 「이빨들의 춤」에서 시인은 밤중에 이상한 소리에 잠을 깬다. 그가 빼놓은 이빨들이 컵 밖으로 나와 춤을 추는 것이 아닌가(그러니까 집으로 돌아와서 그가 빼놓은 이빨은 틀니일 가능성이 높다). "이빨들이 컵에서 나와 똑딱거리며 몸을 부딪쳐가면서 춤을" 춘다. "그"는 "나도 끼워줘"라고 말한다. 이빨 하나가 "어서 들어와" 한다. "그"가 춤을 추자 "이빨들이 컵 속으로 모두 들어가버"린다. 그리고 그가 죽자 "화장실에 있던 이빨들"은 "그"와 함께 묻혔고 "그는 밤마다 이빨들과 함께 춤을" 추게 된다.

도대체 이것이 무슨 말이란 말인가. 시인은 독자를 너무 곤혹스럽게 하는 것은 아닌가. 이빨들의 춤이라니. 시 속에서 의미들은 불연속적이다.

그러니까 시인은 상상한다는 이유로 현실을 해체한다. 현실은 사실 불충분한 것으로 가득 차 있다. 이때 상상은 그것을 채워나가기 위해 현실성을 무목적적으로 파괴한다. 현실은 파괴됨으로써 현실이 불충분한 것임을 전파한다. 그렇게 하여 미지의 것에 대한 혼돈의 긴장을 경험하게 한다. 시인은 세계를 탈형상화하는 것이라 할 수 있다.

밤중에 이빨들이 나와 춤을 춘다. "그"도 함께 춤을 춘다. 죽고 나서 묻힌다. 함께 밤마다 춤을 춘다. 일종의 환상이다. 환상은 결국 가시적으로 존재하는 것에 대한 불만족을 드러낸다. 두터운 침묵에 감싸여 있는 사물을 시인은 환상 속에서 그로테스크하게 불러낸다. 유희적으로 불러낸다. 질서의 파괴는 현대 자본주의 경제 체제에 대한 혼란을 드러낸다. 현대 분열의 징후를 문학적으로 드러내는 한 방식이다. 환상적, 상상적 약호들은 현대적 존재와 분열을 가장 순수한 이상으로 드러낸다. 이렇게 잠재된 영역 속에서 존재하는 환상의 춤은 우리 삶에서의 새로운 리얼리티다. 말해지지 않은 미래의 무덤 속, 밤의 축제다. 그럼에도

시인의 환상은 결국 실재계라는 현실태의 연장선 속에서 진행된다. 실재계를 역설적으로 반영한다. 독자는 언어 규범 안에서의 질서화를 위한 내적 노력을 하게 된다. 독자는 시 안에서 의미의 계기적 필연성을 암묵적으로 찾아내려 한다. 시인의 시는 일종의 상징들이고 독자는 그것을 현실 인식을 돕기 위한 비유로서 받아들이기 때문이다.

그렇다면 다시 시를 보자. 여기서 "그"는 "가방 가득 물건을 팔러 다"닌다고 하였다. "그의 물건을 사려는 사람이 별로 없었"다. 그렇다면 그의 "이빨"은 지하철 등에서 싸구려 물건을 팔기 위해 떠들어대던 그의 "말"들이 아닐까. 그는 영업사원처럼 물건을 팔러 다녔다. 가방은 늘 무거웠다. 물건은 거의 팔리지 않았다. 오직 팔기 위해 무수히 떠벌린 그의 말들만이 고스란히 남았다. 말들은 밤마다 화장실에서 나와 그와 함께 춤을 춘 것은 아닌가. 그는 죽어서도 공허하게 울렸던 그의 "말"과 함께 묻힌다. 밤마다 자기 껍데기와 같은 "말"과 함께 춤을 춘다. 시는 충분히 그런 중의적 의미로 해석이 가능하다. 그럼에도

이수명의 환상은 지극히 몽환적인 것으로 처리된다. 일종

의 시적 유희 같기도 하다. 이수명은 '환각적 몽상가'이다. 그러나

위와 같은 해석에서도 의아스러운 점은 여전히 남는다. 이를테면 함께 춤추자고 한 이빨의 말을 듣고 그가 춤을 추자 이빨들은 도로 왜 컵 속으로 들어가버리는 것인가. 죽어서 밤마다 이빨들과 추는 춤은 무엇인가. 그런 측면에서 이수명의 시를 상징적인 측면에서 분석하는 것은 이수명의 시를 잘못 읽는 것은 아닌가.

형이상학적 의미를 부여하려 한다면 그 시도는 실패할 것이다. 이수명의 시세계는 어떤 것도 안정되어 있지 않다. 모든 시적 대상들은 갑작스럽게 변하면서 의미를 벗어나기 때문이다. 이수명의 시는 모호하게 은폐된 것에 대한 암시적인 예감이다. 그 속에서 진행되는 마술과 같은 의식이다.

이수명의 시는 어두운 원(原) 환영들의 충동을 집단적 무의식으로 흘려보낸다. 초현실주의적이거나 상징주의적이다. 그런 규정을 받게 될지도 모른다. 실재적인 것 옆에 열린 채 자리하는 실재의 찢김이라 말할 수 있다. 실재의 상처라 말할 수도 있다.

사실 현실적인 것을 밀쳐버리고 재배치하는 것은 예술적 자유였다. 암시적으로 축약하고 초자연적인 어떤 내면을 드러내는 방식은 오랫동안 시의 자유에 속해 있었다. 문제는 그러한 변형이 구체적으로 존재하는 상황들을 얼마나 고려

하는가에 있다. 온갖 허구화에도 불구하고 현실 세계와 연관을 어느 정도 유지하는가 하는 것이다. 파괴된 현실성이란 것은 현실과 만나는 그 적정선을 요구하기 때문이다. 시는 현실 파괴의 폭과 종래의 은유가 만나는 그 격렬한 차이와 동일성 속에 놓여 있다. 시는 그 적정선 속에서 비로소 인지되기 때문이다.

이수명의 시는 일종의 경계에 놓여 있는 것처럼 보인다. 환상을 통한 리얼리티의 구현이라는 면에서 현실과 매개된 상징의 유의미들을 찾아보자. 그러면 이수명의 시는 현실과의 연계 속에서 설명이 충분하지 않다. 그렇다고 전적인 환상적 무의식의 모호함으로 나아가기에 이수명 시는 너무 계기적이다. 계기적 서술들을 진술하고 있다(연유에 의한 설명들을 집어넣는다는 점). 전적인 주관적 정서의 상징적 세계를 현실의 반영으로 드러낼 것인가. 모호함을 극단으로 몰아갈 것인가. 아니면 언어 자체가 지니는 기표 기의의 유희성으로 나아갈 것인가. 모호한 환상이기에 썩 모호한 것만은 아닌 경계가 시인이 놓여 있는 아슬아슬함이다.

한국 모더니즘은 전위적 예술을 실험해왔다. 그 계보 속에서 부르주아 이데올로기에 대해 항의해왔다. 언어 혁명적 탐색을 계속해왔다. 새로운 세기에 어떻게 예술의 고독을 견딜 것인가. 예술의 자립성을 찾아갈 것인가. 이수명은 그 경계에 놓여 있다.

에필로그

여성은 무엇을 원하는가

 여성은 무엇을 원하는가. 내가 글을 쓰는 순간에도 질문은 여전히 열린 채 남아 있다. 여성의 갈망과 욕망은 무엇인가. 여성은 여전히 독해되지 않고 남아 있는 텍스트이다. 여성은 무수히 언급되었다. 그러나 단 한 번도 충분히 재현된 적이 없는 부재다. 텅 비어 있는 거울이다. 장에 가는 서방에게 아낙은 거울 하나 사다 달라 한다. 아낙은 사 가지고 온 거울을 보며 서방이 장에서 시앗을 데리고 왔다고 오인한다. 여성은 자기 자신을 진실하게 들여다볼 수 없다. 아낙은 거울을 내동댕이치며 서방을 원망한다. 아낙은 자기 자신을 바로 볼 수가 없다. 재현해낼 수 없다. 여성은 자신의 현존과 완전히 결합할 수 없는 하나의 비어 있는 기호다.
 오랫동안 여성은 남성의 시각에 의해 만들어졌다. 그들의 진리 속에 갇혀 있었다. 이것은 언어와 권력의 문제를 야기한다. "무엇이 진실이냐 하는 것은 누가 언술을 관장하느냐에 달려 있다"고 푸코는 말한다. 여성은 남성적인 언술 속에서 관리되고 명명되었다. 자신의 현실을 재현해낼 언어를 갖지 못했다는 사실. 그러니까 여성의 글쓰기는 깨진 거울 조각을 다시 모으는 일이다. 파열된 여성의 신체를 재구성하는 일, 자신의 언어를 구축하는 작업이다. 그러나

여성의 글쓰기는 이미 이식된 남성 질서의 언어를 파괴하면서 자신의 언어를 수립해가야 한다. 여성은 이중적 언어 혼돈을 겪는다. 끝없이 글쓰기를 붕괴하면서 형성해가야 한다. 자기 분열을 체험하면서 분열을 넘어서 가는 글쓰기라는 점에서 변태적이다. 왜곡되고 비틀려 있다. 검은 웃음을 간직한 위트와 비극과 카타르시스를 내장하고 있다. 여성적 자의식을 간직하면서 끝없이 정체성이 연기되는 다중적 자아다.

하여 여성적 글쓰기는 씌어지면서 지워진다. 복귀하면서 거부한다. 불협화음이다. 이것이 여성 글쓰기의 방법적 미학이다. 여성 작가들은 남성 언술을 창조적으로 오독한다. 여성은 탈선과 혐오와 자기 분열을 재구성한다.

이를테면 김혜순의 시는 환상의 요소를 보여준다. 환상의 요소는 모더니티의 독립적 아이덴티티를 분해한다. 근대 주체의 인식 기반을 흔든다. 김혜순의 시는 현존과 부재의 동시적인 힘을 보여준다. 현실을 틀 지어놓았다가 다시 파괴하

는 힘을 보여준다. 생생하면서 환각적인 역동감을 준다. 데리다는 모든 사고의 진행을 가능케 하는 통일 기반인 현전이 환상에 지나지 않는다고 말한다. 선험적 존재든, 발화나 텍스트의 단일한 의미든 마찬가지다. 현존하는 것들의 허구성과 허구적인 것들의 현실성을 생각한다면 리얼리티는 허구와 현실의 끝없는 넘나듦 속에 있다. 부재와 현전의 움직임 속에 있다. 기표와 기의의 만남과 헤어짐 속에 순간적으로 존재한다. 순간적으로 인지되는 그 순간으로 현존하는 세계다. 가사의 상황에서 그려지는 몽환의 세계다. 하여 직조된 시간과 공간의 그물을 벗어나면 우리는 현실 너머의 다른 세계를 만난다. 두렵지만, 현전하는, 비현실의 현실을 만난다.

우리 시대 여성시들은 환상적 허구를 통한 자의식의 분열(김혜순·이수명), 전략화된 저항으로서 언어(김정란·문정희·김승희), 첨예한 언어적 비유와 감수성(이향지·이사라·최정례), 여성의 신체 혹은 육체에 대한 전경화(조말선·김선우), 성스러움과 여성을 연결하는 관점(천양희·김명리), 근원적 회귀로서 모성적 여성(나희덕·이진명), 청결하면서 치명적인 사랑 담론(강신애·이경림), 팔루스적 권력을 전유하는 사디즘적 저주(최승자·박서원) 등으로 나타난다.

여성적 상처를 드러내는 여성 서사가 1990년대 이후에 왕성한 진작을 보여준 것은 사실이다. 여성 독자는 다른 사람의 목소리를 통해 자기 자신의 이야기를 발견했다. 자신의 운명에 대한 새로운 관점을 만나게 되었다. 여성은 비로소 이데올로기 투쟁의 장을 맞은 것이다. 여성 서사가 보여준 여성 체험과 고발은 현장성 있는 문화 실천으로서 의미를 지닌다. 이것은 페미니즘 문학에서의 득이라 할 수 있다. 그러나 실도 있다. 여성 미학은 일탈과 전복의 이야기(육체적 상처와 소외의 가정사, 불륜에 의한 일탈, 히스테릭한 여성 신경증)를 재생산함으로써 고통의 시학을 지나치게 강조했다. 불륜과 사랑이라는 아우라는 여성 독서의 나르시시즘을 충족시켰다. 열정과 성이라는 이미지는 자기 동일화의 환상을 심어주었다. 젠더에 대한 투쟁을 계급 투쟁으로 치환함으로써 1980년대 민중 문학이 지닌 거친 이분법의 한계를 고스란히 계승할 부분이 있다.

여성 서사의 한계는 우리 시대 여성시에서도 똑같이 적용된다. 본질적으로 여성만이 소유할 수 있는 경험과 생물학적 상태를 여성 고유의 미학으로 구성했다. 이를테면 출산, 수유, 월경, 강간 같은 주제들이다(박서원·김선우·진선미). 물론 의미 있는 시도라 생각한다. 그럼에도 여성 육체의 고유한 고백들이 여성시의 한 전형으로 '매너리즘화' 되고 있다.

우리 시대 여성시에서 주목할 만한 현상은 비평과 시 창작을 겸하는 여성 시인들의 대거 등장이다. 김혜순·김정란·노혜경 등이다. 여성 담론의 부재 속에서 여성 스스로가 여성시 비평의 담론을 형성해가는 담론의 생성자가 된다는 점은 의미 있다. 그럼에도 서구 페미니즘 즉, 백인 중심의 포스트모던 페미니즘 이론이 갖는 엘리트주의에 대한 우려가 우리 문학에도 있다. 서구 페미니즘 이론을 전략화하는 우리 시가 아방가르드적 부르주아의 함의를 지니게 되는 것은 아닌가 하는 혐의다. 우리 여성시 현장에서 여성 하위 주체를 들여다볼 수 있는 문화 정치적 입장이 부재하다. 하위 주체가 절대적인 타자, 순수한 외재성으로서 담론에서 배제되는 것은 경계해야 할 것이다.

모성성을 드러내는 여성시에 대해서도 경계할 지점이 있다. 여성이 선험적으로 모성성을 지니고 있다고 생각하는 모성 신화가 그것이다. 카터는 「사드적 여성」에서 "모성의 우월성을 강조하는 이론은 여성들이 스스로를 위안하기 위해 만들어낸 허구들 중 가장 위험한 것이다"라고 말한다. 모성성의 초월적 근원성은 역사적 세계로부터 완벽한 도피를 가능하게 한다. 여성시는 자연과 동질성을 느끼면서 위안을 찾는 손쉬운 자기 퇴행을 경계해야 한다. 그럼에도

우리 시대 여성시는 다양한 창조력을 보여주었다. 이진명의 운명에 대한 순결한 느낌, 김혜순의 낯선 이미지와 불온함은 독특하다. 강신애의 단정하면서 절제된 일상의 슬픔, 김선우의 여성 육체에 대한 능란한 표현들은 앞으로 여성시 미학에 기대를 품게 한다.

여성시의 분류는 아마존적 여성, 사디즘적 여성, 모성적 여성, 구도자적 여성, 창녀적 여성, 몽상적 여성으로 나눌 수 있다.

아마존적 여성은 한 쪽 유방을 자른다. 활시위를 당기기 위해서다. 수유보다 생활이 더 중요한 여성이다. 유방은 수유를 하는 기관이지만 동시에 작은 성기다. 아마존 여성은 남성 욕망의 징표를 절단한다. 욕망과 모성 포기를 통한 더 큰 자아의 획득이다. 아마존적 여성은 중성적 여성이다(이선영).

사디즘적 여성은 권력 논리를 전유하는 여성이다. 마치 남근화된 여성처럼 보이게 한다. 자식을 가로채려는 어머니는 남성적 여성이다. 아버지에게 자식이 매를 맞고 있을 때 어머니는 더 모진 매질로 아버지의 매질을 멈추게 한다. 어머니는 더 큰 소리로 자식을 비난하고 욕한다. 매질은 더 큰 매질로 다스려진다. 무당 같은 주문과 저주를 하는 여성이다(김혜순, 조말선).

모성적 여성은 여성적 희생을 박애주의적 입장으로 받아들인다. 관용적이고 너그럽다. 모성적 여성은 마조히즘적 헌신에 큰 기쁨을 느낀다(허수경, 김선우).

구도자적 여성은 정신적 고결함을 추구하는 여성이다. 엄격한 자기절제와 존재에 대한 구경의 세계를 향한다. 직관적 체험을 통해 근원적 통찰을 보여준다(나희덕, 이진명, 천양희).

창녀적 여성은 남성과 계약적 거래 관계 속에 놓여 있다.

계약이라는 점에서 남성으로부터 지극히 독립적인 여성이다. 창녀적 여성은 남성을 극단적으로 혐오한다. 그러나 남성을 매개로 경제적 자립이 성립되기에 한편 남성을 그리워한다. 남성으로부터 지극히 독립적이면서도 역설적으로 남성을 통해서만 자신의 정립이 이루어진다는 점에서 의존적이다. 이중적이며 복합적 여성이다(강신애, 이경림).

몽상적 여성은 예민한 감수성으로 사물의 비밀에 심취한다. 생의 깊이 가닿고자 하는 내밀함을 드러낸다. 현실과 비현실의 경계를 넘나드는 환각적 세계에 속한 자다(김명리, 조용미, 이수명).

여성의 분류는 여러 가지로 나타날 수 있다. 여성시는 다양한 다중적 자아를 드러내며 전개된다. 여기서

나는 여성 안에 스며들어 있는 울림을 찾아낼 수 있다고 생각한다. 여성은 일찍이 이야기를 하는 자였고 노래를 부르는 자였다. 어린 손녀에게 옛날이야기를 해주고 밤늦게 길쌈 노래를 불렀다. 수수께끼를 내고 주문을 외웠다. 동요를 부르고 민요를 불렀다. 그야말로 몸에서 번져나오는 물결 같기도 하고 파문 같기도 하다. 내면의 목소리를 찾는 작업, 내 몸에 전해져오는 운율을 듣는 것이다. 오랫동안 누적된 공동체의 율조.

나는 허수경의 시에서 그 전조를 본다. 무의식의 노래. 육체가 감각적으로 인식한 기억과 리듬, 소리의 패턴과 친밀한

현존으로서의 호흡. 여성에게 육체의 물질성이 암호화된 것이 바로 노래다. 몸 안의 노래가 여성적 글쓰기를 호명한다. 몸 안의 악기가 기묘하게 울고 있는 소리인 것이다.

문지스펙트럼

제1영역: 한국 문학선
1-001 별(황순원 소설선 / 박혜경 엮음)
1-002 이슬(정현종 시선)
1-003 정든 유곽에서(이성복 시선)
1-004 귤(윤후명 소설선)
1-005 별 헤는 밤(윤동주 시선 / 홍정선 엮음)
1-006 눈길(이청준 소설선)
1-007 고추잠자리(이하석 시선)
1-008 한 잎의 여자(오규원 시선)
1-009 소설가 구보씨의 일일(박태원 소설선 / 최혜실 엮음)
1-010 남도 기행(홍성원 소설선)
1-011 누군가를 위하여(김광규 시선)
1-012 날개(이상 소설선/이경훈 엮음)
1-013 그때 제주 바람(문충선 시선)

제2영역: 외국 문학선

2-001　젊은 예술가의 초상 1(제임스 조이스/홍덕선 옮김)

2-002　젊은 예술가의 초상 2(제임스 조이스/홍덕선 옮김)

2-003　스페이드의 여왕(푸슈킨/김희숙 옮김)

2-004　세 여인(로베르트 무질/강명구 옮김)

2-005　도둑맞은 편지(에드가 앨런 포/김진경 옮김)

2-006　붉은 수수밭(모옌/심혜영 옮김)

2-007　실비/오렐리아(제라르 드 네르발/최애리 옮김)

2-008　세 개의 짧은 이야기(귀스타브 플로베르/김연권 옮김)

2-009　꿈의 노벨레(아르투어 슈니츨러/백종유 옮김)

2-010　사라진느(오노레 드 발자크/이철 옮김)

2-011　베오울프(작자 미상/이동일 옮김)

2-012　육체의 악마(레이몽 라디게/김예령 옮김)

2-013　아무도 아닌, 동시에 십만 명인 어떤 사람
　　　　(루이지 피란델로/김효정 옮김)

2-014　탱고(루이사 발렌수엘라 외/송병선 옮김)

2-015　가난한 사람들(모리츠 지그몬드 외/한경민 옮김)

2-016　이별 없는 세대(볼프강 보르헤르트/김주연 옮김)

2-017　잘못 들어선 길에서(귄터 쿠네르트/권세훈 옮김)

2-018　방랑아 이야기(요제프 폰 아이헨도르프/정서웅 옮김)

2-019　모데라토 칸타빌레(마르그리트 뒤라스/정희경 옮김)

2-020　모래 사나이(E.T.A. 호프만/김현성 옮김)

2-021　두 친구(G. 모파상/이봉지 옮김)

2-022　과수원/장미(라이너 마리아 릴케/김진하 옮김)

2-023　첫사랑(사무엘 베케트/전승화 옮김)

2-024   유리 학사(세르반테스/김춘진 옮김)

제3영역: 세계의 산문
3-001   오드라덱이 들려주는 이야기(프란츠 카프카/김영옥 옮김)
3-002   자연(랠프 왈도 에머슨/신문수 옮김)
3-003   고독(로자노프/박종소 옮김)
3-004   벌거벗은 내 마음(샤를 보들레르/이건수 옮김)

제4영역: 문화 마당
4-001   한국 문학의 위상(김현)
4-002   우리 영화의 미학(김정룡)
4-003   재즈를 찾아서(성기완)
4-004   책 밖의 어른 책 속의 아이(최윤정)
4-005   소설 속의 철학(김영민·이왕주)
4-006   록 음악의 아홉 가지 갈래들(신현준)
4-007   디지털이 세상을 바꾼다(백욱인)
4-008   신혼 여행의 사회학(권귀숙)
4-009   문명의 배꼽(정과리)
4-010   우리 시대의 여성 작가(황도경)
4-011   영화 속의 열린 세상(송희복)
4-012   세기말의 서정성(박혜경)
4-013   영화, 피그말리온의 꿈(이윤영)
4-014   오프 더 레코드, 인디 록 파일(장호연/이용우/최지선)
4-015   그 섬에 유배된 사람들(양진건)

4-016 슬픈 거인(최윤정)
4-017 스크린 앞에서 투덜대기(듀나)
4-018 페넬로페의 옷감 짜기(김용희)

제5영역: 우리 시대의 지성

5-001 한국사를 보는 눈(이기백)
5-002 베르그송주의(질 들뢰즈/김재인 옮김)
5-003 지식인됨의 괴로움(김병익)
5-004 데리다 읽기(이성원 엮음)
5-005 소수를 위한 변명(복거일)
5-006 아도르노와 현대 사상(김유동)
5-007 민주주의의 이해(강정인)
5-008 국어의 현실과 이상(이기문)
5-009 파르티잔(칼 슈미트/김효전 옮김)
5-010 일제 식민지 근대화론 비판(신용하)
5-011 역사의 기억, 역사의 상상(주경철)
5-012 근대성, 아시아적 가치, 세계화(이환)
5-013 비판적 문학 이론과 미학(페터 V. 지마/김태환 편역)
5-014 국가와 황홀(송상일)
5-015 한국 문단사(김병익)

제6영역: 지식의 초점
6-001　고향(전광식)
6-002　영화(볼프강 가스트/조길예 옮김)
6-003　수사학(박성창)
6-004　추리소설(이브 뢰테르/김경현 옮김)
6-005　멸종(데이빗 라우프/장대익·정재은 옮김)

제7영역: 세계의 고전 사상
7-001　쾌락(에피쿠로스/오유석 옮김)
7-002　배우에 관한 역설(드디 디드로/주미사 옮김)
7-003　향연(플라톤/박희영 옮김)